Cosori Heißluftfritteuse Rezeptbuch

Die besten und leckersten Gerichte für die Cosori Heißluftfritteuse

Inklusive Tipps und Tricks sowie Farbfotos

1. Auflage 2024

Inhaltsverzeichnis

Einführung

Herzlich willkommen zu diesem "Cosori Heißluftfritteuse Rezeptbuch: Die besten und leckersten Gerichte für die Cosori Heißluftfritteuse
"!

In der heutigen Zeit, in der wir alle bestrebt sind, gesündere Ernährungsgewohnheiten zu entwickeln, suchen viele von uns nach Möglichkeiten, köstliche Gerichte zuzubereiten, ohne dabei auf den Geschmack und die Textur zu verzichten, die wir lieben. Hier kommt die Cosori Heißluftfritteuse ins Spiel - ein innovatives Küchengerät, das es ermöglicht, köstliche, knusprige Speisen mit weniger Öl zu genießen.

In diesem Buch werden wir die faszinierende Welt der Cosori Heißluftfritteuse erkunden. Von ihrer Entstehungsgeschichte über die Wissenschaft hinter dem Heißluftfrittieren bis hin zu praktischen Tipps und leckeren Rezepten werden Sie alles erfahren, was Sie benötigen, um das Beste aus Ihrer Heißluftfritteuse herauszuholen.

Egal, ob Sie ein erfahrener Koch sind, der nach neuen kulinarischen Abenteuern sucht, oder ob Sie gerade erst Ihre Reise in die Welt des Kochens beginnen - dieses Buch wird Ihnen helfen, das volle Potenzial Ihrer Cosori Heißluftfritteuse zu entdecken und Ihre Küche in eine Quelle für knusprige Köstlichkeiten zu verwandeln.

Bereit, Ihre Geschmacksknospen zu verwöhnen? Dann lassen Sie uns eintauchen in die Welt der Cosori Heißluftfritteuse und beginnen, köstliche Gerichte zu kreieren, die Ihre Familie und Freunde begeistern werden!

Der Inhalt wurde unabhängig recherchiert, und nicht vom Hersteller beeinflusst.

Über die Cosori Heißluftfritteuse

Die Cosori Heißluftfritteuse ist eine der beliebtesten Marken für Heißluftfritteusen auf dem Markt. Sie bietet eine innovative Möglichkeit, köstliche und knusprige Gerichte zuzubereiten, ohne dabei große Mengen an Öl zu verwenden.

Die Geschichte der Cosori Heißluftfritteuse begann mit dem Ziel, eine gesündere Alternative zum traditionellen Frittieren anzubieten, die dennoch den gleichen großartigen Geschmack und die gleiche knusprige Textur liefert. Mit ihrer leistungsstarken Heißluftzirkulationstechnologie ermöglicht die Cosori Heißluftfritteuse das Garen von Lebensmitteln von allen Seiten gleichmäßig, wodurch eine knusprige Oberfläche entsteht, ohne dass große Mengen an Öl benötigt werden.

Was die Cosori Heißluftfritteuse auszeichnet, sind ihre vielfältigen Merkmale und Funktionen. Von präzisen Temperaturregelungen bis hin zu voreingestellten Kochprogrammen für eine Vielzahl von Gerichten bietet sie eine benutzerfreundliche und vielseitige Kocherfahrung. Darüber hinaus gibt es verschiedene Modelle und Variationen der Cosori Heißluftfritteuse, die den individuellen Bedürfnissen und Vorlieben der Benutzer gerecht werden.

Die Cosori Heißluftfritteuse bietet eine breite Palette von Anwendungsmöglichkeiten, von der Zubereitung knuspriger Snacks wie Pommes Frites und Chicken Wings bis hin zu gesunden Hauptgerichten wie gebackenem Hähnchen und Gemüseaufläufen. Mit einigen praktischen Tipps und Ratschlägen zur optimalen Nutzung können Benutzer das volle Potenzial ihrer Cosori Heißluftfritteuse ausschöpfen und köstliche Gerichte für sich selbst, ihre Familie und Freunde zubereiten.

Vorteile der Cosori Heißluftfritteuse

Die Cosori Heißluftfritteuse punktet mit einer Vielzahl von Vorteilen, die sie zu einem bevorzugten Küchengerät machen. Hier sind einige der herausragenden Pluspunkte:

Gesündere Zubereitung von Speisen: Im Vergleich zum traditionellen Frittieren mit Öl ermöglicht die Cosori Heißluftfritteuse das Garen von Lebensmitteln mit minimaler oder sogar ohne Zugabe von Öl. Dadurch werden Fett- und Kaloriengehalt reduziert, was zu gesünderen Mahlzeiten führt.

Knusprige Ergebnisse: Trotz des geringeren Fettgehalts liefert die Heißluftfritteuse knusprige und goldbraune Ergebnisse. Die leistungsstarke Heißluftzirkulation sorgt für eine gleichmäßige Hitzeverteilung, die eine knackige Textur erzeugt, ohne dass dabei auf den Geschmack verzichtet werden muss.

Vielseitigkeit: Die Cosori Heißluftfritteuse ist äußerst vielseitig einsetzbar und kann eine breite Palette von Lebensmitteln zubereiten, darunter Pommes Frites, Chicken Wings, Gemüsechips, gebackenes Hähnchen, Fischfilets, Desserts und vieles mehr. Mit den verschiedenen Einstellungen und Zubehörteilen können Benutzer kreative und abwechslungsreiche Gerichte kreieren.

Schnelle Zubereitung: Im Vergleich zum Backen oder Braten im Ofen verkürzt die Heißluftfritteuse die Zubereitungszeit erheblich. Dank der leistungsstarken Heißluftzirkulation können Mahlzeiten in kürzerer Zeit zubereitet werden, was besonders für vielbeschäftigte Personen oder Familien von Vorteil ist.

Einfache Reinigung: Die meisten Modelle der Cosori Heißluftfritteuse sind mit herausnehmbaren Körben und antihaftbeschichteten Behältern ausgestattet, die die Reinigung erleichtern. Dadurch wird auch der Aufwand für die Reinigung nach dem Kochen reduziert.

Energieeffizienz: Im Vergleich zu einem herkömmlichen Backofen verbraucht die Heißluftfritteuse weniger Energie, da sie in der Regel kleinere Portionen zubereitet und weniger Zeit benötigt, um die gewünschte Temperatur zu erreichen.

Tipps und Tricks zur optimalen Nutzung

1. **Vorheizen:** Erwägen Sie, die Heißluftfritteuse vor dem Kochen einige Minuten lang vorzuheizen, um eine gleichmäßige Wärmeverteilung zu gewährleisten und optimale Ergebnisse zu erzielen.
2. **Nicht überfüllen:** Überladen Sie den Korb Ihrer Heißluftfritteuse nicht. Lassen Sie genügend Platz zwischen den Lebensmitteln, damit die Luft frei zirkulieren kann und eine gleichmäßige Garung gewährleistet ist.
3. **Regelmäßiges Schütteln:** Schütteln Sie den Korb während des Kochvorgangs gelegentlich, um sicherzustellen, dass die Lebensmittel gleichmäßig gegart werden und eine knusprige Textur erhalten.
4. **Ölsparsamkeit:** Verwenden Sie nur eine geringe Menge Öl oder benutzen Sie einen Ölsprüher, um die Lebensmittel leicht zu benetzen. Dies trägt dazu bei, den Fettgehalt zu reduzieren, während dennoch eine knusprige Textur erzielt wird.
5. **Experimentieren Sie mit Temperaturen und Zeiten:** Nehmen Sie sich die Zeit, um mit verschiedenen Temperatureinstellungen und Garzeiten zu experimentieren, um herauszufinden, was für Ihre Lieblingsrezepte am besten funktioniert.
6. **Vorwärmen von Lebensmitteln:** Bei bestimmten Lebensmitteln kann es hilfreich sein, sie vor dem Kochen kurz zu erwärmen oder zu blanchieren, um die Garzeit zu verkürzen und eine gleichmäßigere Garung zu gewährleisten.
7. **Zubehör verwenden:** Nutzen Sie das Zubehör, das mit Ihrer Heißluftfritteuse geliefert wird, wie z.B. Grillgitter oder Backformen, um die Vielseitigkeit zu erhöhen und eine größere Auswahl an Gerichten zuzubereiten.

Die Reinigung und Wartung der Heißluftfritteuse

Die Reinigung und Wartung Ihrer Heißluftfritteuse ist entscheidend, um eine optimale Leistung und Langlebigkeit sicherzustellen. In diesem kleinen Kapitel erfahren Sie, wie Sie Ihre Heißluftfritteuse richtig reinigen und pflegen können, um sie in einem Top-Zustand zu halten.

Tägliche Reinigung: Nach jedem Gebrauch sollten Sie den Korb und den Behälter Ihrer Heißluftfritteuse gründlich reinigen, um Speisereste zu entfernen und eine Ansammlung von Fett zu vermeiden. Verwenden Sie warmes Seifenwasser und eine weiche Bürste oder ein Schwamm, um hartnäckige Rückstände zu entfernen.

Wöchentliche Reinigung: Einmal pro Woche sollten Sie Ihre Heißluftfritteuse gründlicher reinigen, indem Sie alle abnehmbaren Teile wie den Korb, den Behälter und das Zubehör gründlich abwaschen. Überprüfen Sie auch den Innenraum der Fritteuse auf Ablagerungen und reinigen Sie ihn bei Bedarf mit einem feuchten Tuch.

Entfernen von Gerüchen: Um unangenehme Gerüche zu beseitigen, können Sie den Innenraum Ihrer Heißluftfritteuse mit einer Mischung aus Wasser und Essig reinigen oder eine Zitronenscheibe hineinlegen und die Fritteuse für einige Minuten bei niedriger Temperatur laufen lassen.

Wartung: Achten Sie darauf, regelmäßig den Zustand Ihrer Heißluftfritteuse zu überprüfen und gegebenenfalls abgenutzte Teile zu ersetzen. Stellen Sie sicher, dass alle Teile vollständig trocken sind, bevor Sie die Fritteuse wieder zusammenbauen und verwenden.

Frühstück

Pancakes mit Beeren

Nährwerte pro Portion: Kalorien: 280, Eiweiß: 9 g, Fett: 4 g, Kohlenhydrate: 54 g

Zubereitungszeit: 20 Minuten
Portionen: 2
Zutaten:

- 100 g Mehl
- 1 TL Backpulver
- 1 Ei
- 80 ml Milch
- 1 EL Honig
- 1 TL Vanilleextrakt
- Eine Prise Salz
- 100 g Beeren (z. B. Himbeeren, Blaubeeren, Kirschen)
- Ahornsirup zum Servieren

Zubereitung:

1. Mehl, Backpulver, Ei, Milch, Honig, Vanilleextrakt und Salz in einer Schüssel zu einem glatten Teig verrühren.
2. Die Beeren unter den Teig heben.
3. Backpapier in die Cosori Heißluftfritteuse legen.
4. Den Teig in kleinen Portionen auf das Backpapier geben und bei 180°C etwa 8-10 Minuten backen, bis die Pancakes goldbraun sind.
5. Die Pancakes mit Ahornsirup beträufeln.

Quinoa-Frühstücksbowl

Nährwerte pro Portion: Kalorien: 320, Eiweiß: 8 g, Fett: 7 g, Kohlenhydrate: 55 g

Zubereitungszeit: 25 Minuten
Portionen: 2
Zutaten:

- 100 g Quinoa
- 250 ml Mandelmilch
- 1 TL Honig
- ½ TL Vanilleextrakt
- 1 Banane, in Scheiben geschnitten
- 50 g Beerenmischung (z. B. Erdbeeren, Blaubeeren, Himbeeren)
- 1 EL Mandelblättchen, geröstet

Zubereitung:

1. Den Quinoa in einem feinen Sieb unter kaltem Wasser abspülen.
2. Mandelmilch, Quinoa, Honig und Vanilleextrakt in einen Topf geben und zum Kochen bringen.
3. Die Hitze reduzieren und etwa 15 Minuten köcheln lassen, bis der Quinoa weich ist.
4. Die Quinoa-Mischung in eine ofenfeste Form geben.
5. Bananenscheiben, Beeren und geröstete Mandelblättchen auf dem Quinoa verteilen.
6. Die Frühstücksbowl bei 160°C für 5 Minuten in die Cosori Heißluftfritteuse geben.
7. Die Bowl aus der Heißluftfritteuse nehmen, kurz abkühlen lassen, in Schüsseln verteilen und genießen.

Granola mit Mandeln und Aprikosen

Nährwerte pro Portion: Kalorien: 175, Eiweiß: 4 g, Fett: 8 g, Kohlenhydrate: 18 g

Zubereitungszeit: 20 Minuten
Portionen: 4
Zutaten:

- 150 g Haferflocken
- 50 g Mandeln, grob gehackt
- 2 EL Honig
- 1 EL Kokosöl, geschmolzen
- 1 TL Zimt
- 50 g getrocknete Aprikosen

Zubereitung:

1. Haferflocken, gehackte Mandeln, Honig, geschmolzenes Kokosöl und Zimt in einer Schüssel vermengen.
2. Die Granola-Mischung in die Cosori Heißluftfritteuse geben und bei 160°C etwa 10 Minuten knusprig backen. Dabei gelegentlich den Korb der Heißluftfritteuse schütteln.
3. In der Zwischenzeit die Aprikosen klein hacken.
4. Nach dem Backen das Granola in eine Schüssel geben und die getrockneten Aprikosen untermischen.
5. Das Granola abkühlen lassen und entweder in einem luftdichten Behälter aufbewahren oder direkt als Zugabe im Müsli essen.

Frühstücks-Burritos

Nährwerte pro Portion: Kalorien: 380, Eiweiß: 20 g, Fett: 15 g, Kohlenhydrate: 40 g

Zubereitungszeit: 20 Minuten
Portionen: 2
Zutaten:

- 4 Vollkorn-Tortillas
- 4 Eier
- 100 g magerer Frühstücksschinken, gewürfelt
- 1 Paprika, gewürfelt
- 1 Tomate, gewürfelt
- 50 g fettarmer geriebener Käse
- Salz und Pfeffer nach Geschmack

Zubereitung:

1. Die Eier verquirlen und mit Salz und Pfeffer würzen.
2. In einer Pfanne Rühreier zubereiten und beiseite stellen.
3. Tortillas leicht in der Cosori Heißluftfritteuse erwärmen.
4. Auf jede Tortilla eine Portion Rührei, Frühstücksschinken, Paprika, Tomaten und Käse verteilen.
5. Die Tortillas zu Burritos falten und in der Heißluftfritteuse bei 180°C für ca. 5 Minuten erwärmen, bis der Käse geschmolzen ist.

Apfel-Zimt-Haferflocken

Nährwerte pro Portion: Kalorien: 300, Eiweiß: 8 g, Fett: 12 g, Kohlenhydrate: 40 g

Zubereitungszeit: 20 Minuten
Portionen: 2
Zutaten:

- 100 g Haferflocken
- 2 Äpfel, geschält und gewürfelt
- 30 g Mandeln, gehackt
- 1 EL Honig
- 1 TL Zimt
- 1 EL Kokosöl, geschmolzen
- 100 ml Mandelmilch
- Milch zum Aufgießen

Zubereitung:

1. Haferflocken, gewürfelte Äpfel, gehackte Mandeln, Honig, Zimt, geschmolzenes Kokosöl und Mandelmilch in einer Schüssel vermengen.
2. Die Mischung gleichmäßig auf dem Boden der Cosori Heißluftfritteuse verteilen.
3. Bei 160°C für etwa 15 Minuten backen, dabei gelegentlich den Korb der Heißluftfritteuse schütteln.
4. Die Apfel-Zimt-Haferflocken in Schüsseln geben, mit Milch aufgießen und genießen.

Schoko-Bananen-Croissants

Nährwerte pro Croissant: Kalorien: 220, Eiweiß: 3 g, Fett: 12 g, Kohlenhydrate: 25 g

Zubereitungszeit: 25 Minuten
Portionen: 8 Croissants
Zutaten:

- 300 g Croissant-Teig, aus dem Kühlregal
- 2 reife Bananen, in Scheiben geschnitten
- 100 g Schokolade, gehackt oder Schokostückchen
- 1 TL Zimt
- 2 EL brauner Zucker
- 1 verquirltes Ei, zum Bestreichen

Zubereitung:

1. Den Zimt mit dem Zucker vermischen.
2. Den Croissant-Teig ausrollen und in 8 Dreiecke schneiden.
3. Die Bananenscheiben, Schokolade und die Zimt-Zucker Mischung mittig auf jedem Dreieck verteilen.
4. Die Dreiecke von der breiten Seite her aufrollen.
5. Die Schoko-Bananen-Croissants mit dem verquirltem Ei bestreichen.
6. Die Croissants in der Cosori Heißluftfritteuse bei 180°C etwa 12-15 Minuten goldbraun backen.

Gefüllte Tomate mit Ei

Nährwerte pro Portion: Kalorien: 120, Eiweiß: 8 g, Fett: 8 g, Kohlenhydrate: 6 g

Zubereitungszeit: 10 Minuten
Portionen: 1
Zutaten:

- 1 große Fleischtomate
- 1 Ei
- 2 TL Hüttenkäse
- 1 TL Schnittlauch gehackt
- etwas Salz und Pfeffer

Zubereitung:

1. Die Fleischtomate halbieren und entkernen.
2. Das Ei mit dem Hüttenkäse, dem Schnittlauch, Salz und Pfeffer zu einer einheitlichen Masse verrühren.
3. Die Masse in die Tomatenhälften füllen und die Tomatenhälften in den Gitterkorb der Cosori Heißluftfritteuse legen.
4. Die Tomatenhälften für 7 Minuten bei 180°C backen.

Frühstücks-Toasts mit Ei und Käse

Nährwerte pro Portion: Kalorien: 280, Eiweiß: 14 g, Fett: 18 g, Kohlenhydrate: 18 g

Zubereitungszeit: 7 Minuten
Portionen: 2
Zutaten:

- 2 Scheiben Toastbrot
- 2 Eier
- 30 g Käse, gerieben
- etwas Salz und Pfeffer
- 1 TL Basilikum gehackt

Zubereitung:

1. Die Mitte der Toastbrotscheiben mit einem Löffel gut eindrücken.
2. Die Toastbrotscheiben in die Cosori Heißluftfritteuse legen.
3. Die 2 Eier in die Mulden der Toastbrotscheiben schlagen und mit Salz und Pfeffer würzen.
4. Die Ränder der Toasts mit Käse bestreuen.
5. Die Toasts für 5 Minuten bei 190°C backen.
6. Zuletzt mit frischem Basilikum bestreuen.

Schnelle Schokoladen-Croissants

Nährwerte pro Croissants: Kalorien: 280, Eiweiß: 4 g, Fett: 18 g, Kohlenhydrate: 20 g

Zubereitungszeit: 25 Minuten
Portionen: 8 Croissants
Zutaten:

- 500 g Croissant-Teig, aus dem Kühlregal
- 100 g Schokolade, in Stücke gebrochen
- 1 Ei, zum Bestreichen
- 1 EL Wasser, zum Bestreichen
- Puderzucker, zum Bestäuben

Zubereitung:

1. Den Croissant-Teig ausrollen und in 8 Dreiecke schneiden.
2. Je ein Stück Schokolade an die breite Seite jedes Dreiecks legen.
3. Die Dreiecke von der breiten Seite her aufrollen.
4. Die Cosori Heißluftfritteuse mit Backpapier auslegen.
5. Die Schokoladen-Croissants auf das Backpapier legen.
6. Das Ei mit dem Wasser verquirlen.
7. Die Croissants mit dem verquirltem Ei bestreichen.
8. Die Croissants in der Heißluftfritteuse bei 180°C etwa 12-15 Minuten goldbraun backen.
9. Die Croissants zuletzt mit Puderzucker bestäuben und genießen.

Frühstücks-Quesadillas mit Schwarzwälder Schinken, Paprika und Cheddar

Nährwerte pro Portion: Kalorien: 450, Eiweiß: 25 g, Fett: 20 g, Kohlenhydrate: 40 g

Zubereitungszeit: 20 Minuten
Portionen: 2
Zutaten:

- 4 große Vollkorn-Tortillas
- 150 g Schwarzwälder Schinken, gewürfelt
- 1 Paprika, gewürfelt
- 100 g Cheddar, gerieben
- Salz und Pfeffer nach Geschmack

Zubereitung:

1. Die Vollkorn-Tortillas in der Cosori Heißluftfritteuse bei 180°C für 1 Minute vorbacken.
2. Auf jede Tortilla eine Schicht gewürfelte Paprika, Schwarzwälder Schinken und geriebenen Käse legen. Dann die Tortillas zusammenklappen.
3. Die gefüllten Tortillas in der Heißluftfritteuse bei 180°C für weitere 4-5 Minuten backen, bis sie goldbraun und knusprig sind.
4. Die Quesadillas in Dreiecke schneiden und genießen.

French Toasts

Nährwerte pro Portion: Kalorien: 250, Eiweiß: 10 g, Fett: 10 g, Kohlenhydrate: 30 g

Zubereitungszeit: 7 Minuten
Portionen: 2
Zutaten:

- 4 Scheiben Toast
- 2 Eier
- 2 EL Milch
- 1 TL Zimt
- 2 TL Zucker

Zubereitung:

1. Die Eier mit der Milch, dem Zimt und dem Zucker verquirlen.
2. Die Toastscheiben durch die Ei-Mischung ziehen und in die Heißluft Fritteuse legen.
3. Die French Toasts für 5 Minuten bei 170°C backen.

Omelett mit Käse und Spinat

Nährwerte pro Portion: Kalorien: 380, Eiweiß: 25 g, Fett: 27 g, Kohlenhydrate: 5 g

Zubereitungszeit: Minuten
Portionen: 1
Zutaten:

- 3 Eier
- 100 ml Milch
- 50 g Emmentaler, gerieben
- 40 g Blattspinat, gewaschen
- etwas Salz und Pfeffer

Zubereitung:

1. Milch, Eier, Salz und Pfeffer in eine ofenfeste Form geben und gut miteinander verrühren.
2. Den Spinat und Käse hinzufügen und gut vermischen
3. Die Form in die Heißluftfritteuse geben und das Omelett für 8 Min. bei 180°C backen.

Quinoa-Frühstücksriegel

Nährwerte pro Portion: Kalorien: 280, Eiweiß: 8 g, Fett: 11 g, Kohlenhydrate: 38 g

Zubereitungszeit: 15 Minuten
Portionen: 2
Zutaten:

- 185 g Quinoa, gekocht
- 2 EL Mandelbutter
- 2 EL Honig
- 50 g gehackte Nüsse (z.B., Mandeln, Walnüsse)
- 50 g getrocknete Früchte (z.B., Rosinen, Cranberries, Goji Beeren)
- 1 TL Zimt
- eine Prise Salz

Zubereitung:

1. In einer Schüssel den gekochten Quinoa, Mandelbutter, Honig, gehackte Nüsse, getrocknete Früchte, Zimt und eine Prise Salz miteinander vermischen.
2. Den Korb der Cosori Heißluftfritteuse mit Backpapier auslegen.
3. Die Quinoa-Mischung gleichmäßig in den Korb der Heißluftfritteuse drücken und bei 160°C ca. 10-12 Minuten backen, bis sie fest und goldbraun ist.
4. Die gebackene Mischung abkühlen lassen und anschließend in Riegel schneiden.

Marmeladenkipferl

Nährwerte pro Portion: Kalorien: 450, Eiweiß: 4 g, Fett: 30 g, Kohlenhydrate: 40 g

Zubereitungszeit: 45 Minuten
Portionen: 4
Zutaten:

- 300 g Mehl
- 200 g Butter, kalt
- 3 EL saure Sahne
- 1 Ei
- 1 Pkg. Vanillezucker
- 1 TL Backpulver
- 1 Prise Salz
- ½ Glas Marmelade, zum Füllen
- Staubzucker, zum Bestreuen
- 1 Eigelb, zum Bestreichen

Zubereitung:

1. Die Butter in kleine Stücke schneiden und mit Mehl, Sauerrahm, Ei, Vanillezucker, Backpulver und einer Prise Salz zu einem glatten Teig kneten.
2. Den Teig zu einer Kugel formen und in Frischhaltefolie wickeln. Den Teig für ungefähr 25 Minuten in den Kühlschrank stellen.
3. Anschließend den Teig mit etwas Mehl dünn ausrollen und Dreiecke aus dem Teig schneiden.
4. Jeweils in die Mitte des Dreiecks etwas Marmelade setzen und die Dreiecke von der breiten Seite zu Kipferln einrollen.
5. Die Marmeladekipferl mit dem Eigelb bestreichen und für 15 Minuten bei 180°C in der Cosori Heißluftfritteuse backen.
6. Die Marmeladekipferl aus der Heißluftfritteuse nehmen, etwas abkühlen lassen und mit dem Staubzucker bestreuen.

Spinat-Feta Croissants

Nährwerte pro Croissant: Kalorien: 180, Eiweiß: 5 g, Fett: 12 g, Kohlenhydrate: 15 g

Zubereitungszeit: 30 Minuten
Portionen: 8 Croissants
Zutaten:

- 1 Packung Croissant-Teig (ca. 300 g)
- 200 g frischer Spinat, gehackt
- 100 g Feta-Käse, zerbröselt
- 1 Knoblauchzehe, gehackt
- 1 EL Olivenöl
- Salz und Pfeffer nach Geschmack
- 1 Ei, zum Bestreichen

Zubereitung:

1. Den Spinat und den Knoblauch in einer Pfanne mit Olivenöl anbraten, bis er zusammenfällt. Mit Salz und Pfeffer würzen.
2. Den Croissant-Teig ausrollen und in 8 Dreiecke schneiden.
3. In die Mitte jedes Dreiecks eine Portion Spinat legen und etwas Feta darüber streuen.
4. Die Dreiecke von der breiten Seite her aufrollen, um die klassische Croissant-Form zu erhalten.
5. Die Cosori Heißluftfritteuse mit Backpapier auslegen und die Croissants darauf verteilen.
6. Das Ei verquirlen und die Croissants damit bestreichen.
7. Die Croissants in der Heißluftfritteuse bei 180°C etwa 12-15 Minuten goldbraun backen.

Gemüse-Omelett mit Feta

Nährwerte pro Portion: Kalorien: 180, Eiweiß: 12 g, Fett: 14 g, Kohlenhydrate: 4 g

Zubereitungszeit: 15 Minuten
Portionen: 2
Zutaten:

- 4 Eier
- 50 g Paprika, gewürfelt
- 50 g Zucchini, gewürfelt
- 50 g Tomaten, gewürfelt
- 30 g Feta, zerbröselt
- Salz und Pfeffer nach Geschmack
- frische Kräuter zum Garnieren

Zubereitung:

1. Die Eier mit Salz und Pfeffer in einer Schüssel verquirlen.
2. Die Gemüsewürfel in eine ofenfeste Form geben und in der Heißluftfritteuse bei 180°C etwa 5 Minuten anbraten.
3. Nach 5 Minuten die Eier über das Gemüse gießen und weitere 5-7 Minuten backen, bis das Omelett fest ist.
4. Das Omelett mit dem Feta bestreuen und mit frischen Kräutern garnieren.

Spinat-Feta-Rollen

Nährwerte pro Portion: Kalorien: 350, Eiweiß: 10 g, Fett: 25 g, Kohlenhydrate: 20 g

Zubereitungszeit: 25 Minuten
Portionen: 2
Zutaten:

- 200 g Blätterteig, aus dem Kühlregal
- 100 g frischer Spinat, gewaschen und gehackt
- 50 g Feta-Käse, zerbröselt
- 1 verquirltes Ei, zum Bestreichen
- Salz und Pfeffer nach Geschmack
- Sesam oder Mohnsamen zum Bestreuen

Zubereitung:

1. Den Blätterteig ausrollen und in Quadrate schneiden.
2. Den gehackten Spinat und den zerbröselten Feta auf einer Hälfte der Quadrate verteilen.
3. Die Quadrate zu Rollen formen und in die Cosori Heißluftfritteuse legen.
4. Die Rollen mit dem verquirlten Ei bestreichen und nach Belieben mit Sesam oder Mohnsamen bestreuen.
5. Die Spinat-Feta-Rollen bei 180°C für ca. 15-18 Minuten goldbraun backen.

Bananen-Walnuss-Muffins

Nährwerte pro Muffin: Kalorien: 120, Eiweiß: 3 g, Fett: 4 g, Kohlenhydrate: 18 g

Zubereitungszeit: 20 Minuten
Portionen: 6 Muffins
Zutaten:

- 2 reife Bananen, zerdrückt
- 120 g Hafermehl
- 30 g Walnüsse, gehackt
- 60 g griechischer Joghurt
- 2 Eier
- 3 EL Honig
- 1 TL Backpulver
- 1 TL Zimt
- eine Prise Salz
- etwas Öl oder Butter zum Einfetten

Zubereitung:

1. Hafermehl, Backpulver, Zimt und Salz in einer Schüssel vermengen.
2. In einer separaten Schüssel Bananen, griechischen Joghurt, Eier, Honig und Walnüsse vermengen.
3. Die trockenen Zutaten zu den feuchten Zutaten geben und alles zu einem einheitlichen Teig vermischen.
4. Den Teig gleichmäßig in Muffinförmchen verteilen.
5. Die Muffins in der Cosori Heißluftfritteuse bei 180°C für ca. 12-15 Minuten backen, bis sie goldbraun sind.

Hauptgerichte

Cordon Bleu mit Frischkäse, Schinken und Mais

Nährwerte pro Portion: Kalorien: 500, Eiweiß: 40 g, Fett: 25 g, Kohlenhydrate: 30 g

Zubereitungszeit: 25 Minuten
Portionen: 2
Zutaten:

- 2 Kalbsschnitzel, je 150 g
- 2 EL Frischkäse
- 4 Scheiben Kochschinken
- 2 EL Mais, aus der Dose
- 1 Ei
- Weizenmehl zum Wenden
- Paniermehl zum Wenden
- etwas Salz und Pfeffer
- etwas Öl zum Bestreichen

Zubereitung:

1. Die Kalbsschnitzel salzen, pfeffern und je eine Hälfte der Schnitzel mit dem Frischkäse bestreichen.
2. Den Mais und den Kochschinken auf den Frischkäse legen.
3. Die Cordon Bleu zusammenklappen und mit Zahnstochern befestigen.
4. Das Weizenmehl und das Paniermehl jeweils in einen tiefen Teller geben.
5. Ein Ei in einem weiteren tiefen Teller aufschlagen, mit Salz und Pfeffer würzen und verquirlen.
6. Jedes Cordon Bleu erst in Mehl wenden, dann durch das Ei ziehen und zuletzt in dem Paniermehl wenden.
7. Die Cordon Bleu mit etwas Öl bestreichen und bei 200°C für 20 Minuten in der Heißluftfritteuse frittieren.

Honig-Senf-Hähnchenflügel

Nährwerte pro Portion: Kalorien: 250, Eiweiß: 20 g, Fett: 15 g, Kohlenhydrate: 10 g

Zubereitungszeit: 30 Minuten
Portionen: 2
Zutaten:

- 500 g Hähnchenflügel
- 2 EL Honig
- 1 EL Senf
- 1 EL Sojasauce
- 1 TL Knoblauchpulver
- 1 TL Paprikapulver
- Salz und Pfeffer nach Geschmack

Zubereitung:

1. Die Hähnchenflügel in einer Schüssel mit Honig, Senf, Sojasauce, Knoblauchpulver, Paprikapulver, Salz und Pfeffer vermischen.
2. Die Cosori Heißluftfritteuse mit Backpapier auslegen.
3. Die marinierten Hähnchenflügel in der Heißluftfritteuse bei 200°C etwa 25-30 Minuten goldbraun und knusprig braten.
4. Nach 15 Minuten die Hähnchenflügel einmal wenden.
5. Nach insgesamt 30 Minuten die Honig-Senf-Hähnchenflügel aus der Heißluftfritteuse nehmen und genießen.

Parmesan-Schnitzel

Nährwerte pro Portion: Kalorien: 400, Eiweiß: 35 g, Fett: 20 g, Kohlenhydrate: 20 g

Zubereitungszeit: 25 Minuten
Portionen: 2
Zutaten:

- 2 Kalbsschnitzel, je 125 g
- 40 g Parmesan, gerieben
- 3 EL Weizenmehl, zum Wenden
- 3 EL Paniermehl, zum Wenden
- 1 Ei
- etwas Salz und Pfeffer
- etwas Öl zum Bepinseln

Zubereitung:

1. Das Weizenmehl und das Paniermehl jeweils in einen tiefen Teller geben.
2. Den Parmesan mit dem Paniermehl vermischen.
3. Ein Ei in einem weiteren tiefen Teller aufschlagen, mit Salz und Pfeffer würzen und verquirlen.
4. Die Schnitzel mit Salz und Pfeffer würzen.
5. Jedes Schnitzel erst im Mehl wenden, dann durch das Ei ziehen und zuletzt durch die Paniermehl-Parmesan-Mischung ziehen.
6. Zuletzt die Schnitzel mit etwas Öl bepinseln und in der Heißluftfritteuse bei 200°C für ca. 15-20 Minuten goldbraun frittieren.

Gefüllte Paprika mit Hackfleisch

Nährwerte pro Portion: Kalorien: 350, Eiweiß: 20 g, Fett: 15 g, Kohlenhydrate: 25 g

Zubereitungszeit: 35 Minuten
Portionen: 4
Zutaten:

- 4 rote Paprika, entkernt
- 350 g Hackfleisch
- 200 g Mais, aus der Dose
- 200 ml passierte Tomaten
- 1 Zwiebel
- 1 Möhre
- 1 Knoblauchzehe
- 1 EL Olivenöl
- 1 TL Oregano
- etwas Salz & Pfeffer

Zubereitung:

1. Die Zwiebel und Knoblauchzehe schälen und fein hacken.
2. Die Möhre schälen, die Enden entfernen und in kleine Würfel schneiden.
3. Zwiebel, Knoblauch und Möhre in einer Pfanne mit Olivenöl 2 Minuten anbraten.
4. Das Hackfleisch mit in die Pfanne geben und krümelig braten.
5. Passierte Tomaten, Mais, Salz, Pfeffer und Oregano ebenfalls in die Pfanne geben und alles gut miteinander vermischen.
6. Die entkernten Paprika mit der Gemüse-Hack-Füllung füllen.
7. Die gefüllten Paprika in den Korb der Cosori Heißluftfritteuse stellen und bei 200°C für ca. 20 Minuten in die Heißluftfritteuse geben.

Italienische Frikadellen

Nährwerte pro Portion: Kalorien: 290, Eiweiß: 25 g, Fett: 20 g, Kohlenhydrate: 3 g

Zubereitungszeit: 25 Minuten
Portionen: 3
Zutaten:

- 500 g Hackfleisch, gemischt
- 1 Zwiebel
- 1 Ei
- 2 TL Paniermehl
- ½ TL Oregano, getrocknet
- ½ TL Rosmarin, getrocknet
- ½ TL Thymian, getrocknet
- Salz & Pfeffer

Zubereitung:

1. Die Zwiebel in feine Würfel schneiden.
2. Zwiebel, Hackfleisch, ein Ei und Paniermehl gut miteinander vermengen.
3. Die Hackmasse mit Oregano, Rosmarin, Thymian, Salz und Pfeffer würzen und nochmals gut miteinander vermengen.
4. Die Masse zu sechs gleich großen Frikadellen formen.
5. Die Frikadellen bei 180°C für 20 Minuten in die Heißluftfritteuse geben.
6. Nach 10 Minuten die Frikadellen einmal wenden und zu Ende garen lassen.

Mediterrane Garnelen-Spießchen

Nährwerte pro Portion: Kalorien: 250, Eiweiß: 25 g, Fett: 15 g, Kohlenhydrate: 3 g

Zubereitungszeit: 20 Minuten
Portionen: 2
Zutaten:

- 300 g Garnelen, geschält und entdarmt
- 1 Zitrone (Saft und Zesten)
- 2 Knoblauchzehen, gehackt
- 2 EL Olivenöl
- 1 TL Paprikapulver
- 1 TL Oregano, getrocknet
- Salz und Pfeffer nach Geschmack
- frische Petersilie, gehackt (zum Garnieren)
- Holzspieße, in Wasser eingeweicht

Zubereitung:

1. Eine Marinade aus Zitronensaft, Zitronenzesten, Knoblauch, Olivenöl, Paprikapulver, Oregano, Salz und Pfeffer zubereiten.
2. Die Garnelen für 10 Minuten in der Marinade einlegen.
3. Die marinierten Garnelen auf Holzspieße stecken, bei 200°C etwa 8-10 Minuten in der Cosori Heißluftfritteuse braten, bis sie goldbraun sind.
4. Die Garnelen-Spießchen mit frischer Petersilie garnieren und genießen.

Kassler im Blätterteig

Nährwerte pro Portion: Kalorien: 350, Eiweiß: 20 g, Fett: 25 g, Kohlenhydrate: 10 g

Zubereitungszeit: 25 Minuten
Portionen: 2
Zutaten:

- 100 g Blätterteig, aus dem Kühlregal
- 1 Ei
- 300 g Kasseler, in Scheiben geschnitten
- 1 EL Milch

Zubereitung:

1. Das Ei aufschlagen und das Eigelb vom Eiklar trennen.
2. Die Kasselerscheiben mit Eiklar bestreichen und mit dem Blätterteig umwickeln.
3. Das Eigelb mit der Milch verrühren und den Kasseler im Blätterteig damit bestreichen.
4. Den Kasseler im Blätterteig bei 180°C für ca. 20 Minuten in der Cosori Heißluftfritteuse backen.

Lachsfilet mit Zitronen-Dill-Marinade

Nährwerte pro Portion: Kalorien: 350, Eiweiß: 30 g, Fett: 25 g, Kohlenhydrate: 2 g

Zubereitungszeit: 20 Minuten
Portionen: 2
Zutaten:

- 2 Lachsfilets, je 150 g
- 1 Zitrone (Saft und Schale)
- 2 EL frischer Dill, gehackt
- 2 EL Olivenöl
- Salz und Pfeffer nach Geschmack
- 1 Knoblauchzehe, gehackt

Zubereitung:

1. Zitronensaft, Zitronenschale, Olivenöl, gehackten Dill, gehackten Knoblauch, Salz und Pfeffer miteinander vermischen.
2. Die Lachsfilets mit der Marinade einreiben.
3. Die marinierten Lachsfilets in der Cosori Heißluftfritteuse bei 180°C für etwa 12-15 Minuten braten, bis sie goldbraun und durchgegart sind.
4. Die Lachsfilets während des Bratens einmal wenden, um eine gleichmäßige Bräunung zu erreichen.

Chicken Nuggets in Cornflakes-Panade

Nährwerte pro Portion: Kalorien: 350, Eiweiß: 30 g, Fett: 15 g, Kohlenhydrate: 25 g

Zubereitungszeit: 20 Minuten
Portionen: 4
Zutaten:

- 500 g Hähnchenbrustfilet, in mundgerechte Stücke geschnitten
- 100 g Cornflakes
- 50 g Mehl
- 2 Eier
- 1 TL Paprikapulver
- 1 TL Knoblauchpulver
- Salz und Pfeffer nach Geschmack

Zubereitung:

1. Die Cornflakes in einen verschließbaren Beutel geben und mit einem Nudelholz zerkleinern, bis sie eine grobe Panade ergeben.
2. Das Mehl in einen tiefen Teller geben.
3. Die Eier in einem separaten tiefen Teller mit Paprikapulver, Knoblauchpulver, Salz und Pfeffer verquirlen.
4. Die zerkleinerten Cornflakes in einen dritten Teller geben.
5. Jedes Hähnchenstück zuerst im Mehl wenden, dann durch die Ei-Mischung ziehen und schließlich in den Cornflakes panieren. Dabei die Cornflakes leicht andrücken, damit sie haften bleiben.
6. Die Chicken Nuggets in den Korb der Heißluftfritteuse legen und bei 200°C für etwa 12-15 Minuten backen, bis sie goldbraun und durchgegart sind.
7. Die Chicken Nuggets aus der Heißluftfritteuse nehmen und genießen.

Lachsfilet mit Kartoffelspalten

Nährwerte pro Portion: Kalorien: 420, Eiweiß: 27 g, Fett: 22 g, Kohlenhydrate: 25 g

Zubereitungszeit: 40 Minuten
Portionen: 3
Zutaten:

- 3 Lachsfilets, je 125 g
- 360 g Kartoffeln
- 1 EL Olivenöl
- 1 TL Paprikapulver
- etwas Salz und Pfeffer

Zubereitung:

1. Die Kartoffeln schälen, in Spalten schneiden und mit Salz, Paprikapulver und Olivenöl vermischen.
2. Die Kartoffelspalten in den Korb der Cosori Heißluftfritteuse geben und für 15 Minuten bei 180°C braten.
3. Anschließend den Lachs mit Salz und Pfeffer würzen, auf den Kartoffelspalten platzieren und alles zusammen für 15 Minuten bei 180°C braten.

Schinken-Käse-Panini

Nährwerte pro Portion: Kalorien: 550, Eiweiß: 28 g, Fett: 28 g, Kohlenhydrate: 45 g

Zubereitungszeit: 10 Minuten
Portionen: 2
Zutaten:

- 2 Panini
- 4 Scheiben Käse
- 8 Scheiben Schinken
- 8 EL Kräuterfrischkäse

Zubereitung:

1. Die Paninis in der Hälfte durchschneiden.
2. Jede Panini-Hälfte mit je 2 EL Frischkäse bestreichen.
3. Zwei Hälften der Paninis jeweils mit Schinken, Käse und nochmals Schinken belegen.
4. Anschließend die Panini-Hälften ohne Belag darauf klappen und in den Gitterkorb der Heißluftfritteuse legen.
5. Die Paninis für 5-8 Minuten bei 190°C backen.

Lachs mit Honig-Senf-Glasur

Nährwerte pro Portion: Kalorien: 350, Eiweiß: 35 g, Fett: 20 g, Kohlenhydrate: 8 g

Zubereitungszeit: 15 Minuten
Portionen: 2
Zutaten:

- 2 Lachsfilets, je 150 g
- 2 EL Dijon-Senf
- 1 EL Honig
- 1 EL Sojasauce
- 1 Knoblauchzehe, gehackt
- 1 TL frischer Ingwer, gerieben
- Salz und Pfeffer, nach Geschmack
- Zitronenspalten, zum Servieren

Zubereitung:

1. Dijon-Senf, Honig, Sojasauce, Knoblauch und Ingwer gut miteinander vermischen.
2. Die Lachsfilets erst mit Salz und Pfeffer würzen, dann großzügig mit der Honig-Senf-Glasur bestreichen.
3. Die marinierten Lachsfilets in die Cosori Heißluftfritteuse legen und bei 180°C etwa 10-12 Minuten garen, bis der Lachs durchgegart und die Glasur karamellisiert ist.
4. Zuletzt den Lachs mit den Zitronenspalten servieren.

Thunfisch Panini

Nährwerte pro Portion: Kalorien: 680, Eiweiß: 25 g, Fett: 38 g, Kohlenhydrate: 58 g

Zubereitungszeit: 10 Minuten
Portionen: 2
Zutaten:

- 2 Panini
- 6 EL Miracle Whip
- 1 Dose Thunfisch im eigenen Saft, abgetropft
- 4 Scheiben Käse
- 1 Prise Salz und Pfeffer
- 2 Salatblätter
- Gürkchen, in Scheiben geschnitten

Zubereitung:

1. Die Paninis in der Hälfte durchschneiden.
2. Miracle Whip, Thunfisch, Salz und Pfeffer gut miteinander vermischen.
3. Zwei der Panini-Hälften mit der Thunfischcreme bestreichen.
4. Die Paninis mit Salat, Gürkchenscheiben und Käse belegen und mit den Panini-Hälften ohne Belag zusammenklappen.
5. Die Paninis in die Cosori Heißluftfritteuse legen und für 6-8 Min. bei 190°C backen.

Pikante Hähnchen-Unterschenkel

Nährwerte pro Portion: Kalorien: 600, Eiweiß: 30 g, Fett: 45 g, Kohlenhydrate: 5 g

Zubereitungszeit: 30 Minuten
Portionen: 1
Zutaten:

- 2 Hähnchen-Unterschenkel
- ½ Knoblauchzehe, klein gehackt
- ½ EL Senf
- 1 TL brauner Zucker
- 1 TL Chilipulver
- ¼ TL Salz
- ¼ TL schwarzer Pfeffer
- 1 EL Olivenöl

Zubereitung:

1. Knoblauch, Senf, braunen Zucker, Chilipulver, Olivenöl, Salz und Pfeffer gut miteinander vermischen.
2. Die Hähnchenschenkel mit der Marinade vollständig einreiben und 15 Minuten zugedeckt im Kühlschrank ziehen lassen.
3. Nach 20 Minuten die Hähnchenschenkel in den Gitterkorb der Heißluftfritteuse geben und bei 180°C ca. 10 Minuten braten.
4. Anschließend die Temperatur auf 150°C verringern und die Hähnchenschenkel weitere 10 Minuten braten.

Fish and Chips

Nährwerte pro Portion: Kalorien: 470, Eiweiß: 25 g, Fett: 22 g, Kohlenhydrate: 40 g

Zubereitungszeit: 25 Minuten
Portionen: 1
Zutaten:

- 200 g weißes Fischfilet (z.B. Schellfisch, Kabeljau, Seelachs)
- 30 g Tortillachips
- 1 Ei
- 150 g Kartoffeln
- 1 EL Pflanzenöl
- ½ EL Zitronensaft

Zubereitung:

1. Die Kartoffeln unter fließendem Wasser sauber bürsten und der Länge nach in schmale Streifen schneiden. Die Kartoffeln mit Küchenpapier trocken tupfen und in einer Schüssel mit Öl vermischen.
2. Die Kartoffelstreifen in den Gitterkorb der Cosori Heißluftfritteuse geben und bei 180°C ca. 10 Minuten backen.
3. In der Zwischenzeit den Fisch in vier gleich große Stücke schneiden und mit Zitronensaft, Salz und Pfeffer einreiben. Anschließend 5 Minuten ziehen lassen.
4. Die Tortillachips in einem Standmixer sehr fein mahlen und in einen tiefen Teller geben.
5. Das Ei in einem separaten tiefen Teller verquirlen. Die Fischstücke nacheinander in das Ei eintauchen und in den gemahlenen Tortillachips wenden, bis die Fischstücke vollständig paniert sind.
6. Nach 10 Minuten der Garzeit der Kartoffeln den Heißluftfritteusen-Korb herausnehmen.
7. Die Kartoffelstreifen auf die eine Seite und die Fischstücke auf die andere Seite des Gitterkorbs der Heißluftfrittese geben.
8. Die Kartoffelscheiben und die Fischstücke bei 180°C weitere 10 Minuten goldbraun und knusprig backen.

Knuspriges Hähnchenschnitzel

Nährwerte pro Portion: Kalorien: 400, Eiweiß: 35 g, Fett: 15 g, Kohlenhydrate: 30 g

Zubereitungszeit: 30 Minuten
Portionen: 2
Zutaten:

- 2 Hähnchenbrustfilets, je 200 g
- 100 g Paniermehl
- 1 Ei
- 50 g Mehl
- ½ TL Paprikapulver
- Salz und Pfeffer, nach Geschmack
- Olivenöl, zum Besprühen

Zubereitung:

1. Die Hähnchenbrustfilets leicht klopfen, um eine gleichmäßige Dicke zu erhalten.
2. Mehl, Salz, Pfeffer und Paprikapulver in einem tiefen Teller vermengen.
3. In einem weiteren tiefen Teller das Ei verquirlen.
4. Das Paniermehl in einen dritten tiefen Teller geben.
5. Die Hähnchenbrustfilets zuerst im Mehl wenden, dann durch die Eier ziehen und zuletzt im Paniermehl wenden.
6. Die panierten Hähnchenbrustfilets mit etwas Olivenöl besprühen.
7. Die Hähnchenbrustfilets in den Gitterkorb der Cosori Heißluftfritteuse legen und bei 200°C für etwa 15 Minuten backen, bis sie goldbraun und knusprig sind. Zwischendurch einmal wenden.

Garnelen-Tacos mit Joghurt-Limetten-Soße

Nährwerte pro Portion: Kalorien: 400, Eiweiß: 22 g, Fett: 20 g, Kohlenhydrate: 35 g

Zubereitungszeit: 25 Minuten
Portionen: 2
Zutaten für die Garnelen:

- 300 g Garnelen, geschält und entdarmt
- 1 EL Olivenöl
- 1 TL Kreuzkümmel
- 1 TL Paprikapulver
- 1 TL Knoblauchpulver
- Salz und Pfeffer, nach Geschmack
- Saft einer Limette

Für die Taco-Füllung:

- 8 kleine Taco-Shells
- 100 g Weißkohl, fein gehackt
- 1 Tomate, gewürfelt
- ½ rote Zwiebel, fein gehackt
- frische Korianderblätter
- 1 Avocado, in Würfel geschnitten

Für die Soße:

- 120 g griechischer Joghurt
- Saft einer Limette
- 1 TL Honig
- Salz und Pfeffer, nach Geschmack

Zubereitung:

1. Die Garnelen mit Olivenöl, Kreuzkümmel, Paprikapulver, Knoblauchpulver, Salz, Pfeffer und Limettensaft marinieren.
2. Die Garnelen in dem Korb der Heißluftfritteuse bei 180°C für etwa 8-10 Minuten garen.
3. In der Zwischenzeit die Taco-Füllung vorbereiten. Dafür den Weißkohl, Tomaten, rote Zwiebeln, Koriander und Avocado miteinander vermengen.
4. Für die Soße den griechischen Joghurt, Limettensaft, Honig, Salz und Pfeffer gut miteinander verrühren.
5. Die Taco-Shells mit den Garnelen, der Taco-Füllung und der Soße füllen und genießen.

Mediterrane Hähnchen-Gemüse-Spieße

Nährwerte pro Portion: Kalorien: 350, Eiweiß: 30 g, Fett: 18 g, Kohlenhydrate: 15 g

Zubereitungszeit: 25 Minuten
Portionen: 2
Zutaten:

- 300 g Hähnchenbrust, in Würfel geschnitten
- 1 Zucchini, in Scheiben geschnitten
- 1 Paprika, in Stücke geschnitten
- 1 rote Zwiebel, geviertelt
- 2 EL Olivenöl
- 2 TL Kräuter der Provence
- 1 TL Paprikapulver
- Salz und Pfeffer, nach Geschmack
- 2 Zitronen, in Scheiben geschnitten
- 4 Holzspieße in Wasser eingeweicht

Zubereitung:

1. Die Hähnchenwürfel mit Olivenöl, Kräuter der Provence, Paprikapulver, Salz und Pfeffer marinieren.
2. Abwechselnd Hähnchen, Zucchini, Paprika, Zwiebel und Zitronenscheiben auf die Spieße stecken.
3. Die Spieße in dem Gitterkorb der Cosori Heißluftfritteuse bei 200°C für ca. 15-20 Minuten grillen, bis das Hähnchen durchgegart und leicht gebräunt ist.

Lachsfilets auf Kartoffeln und grünen Bohnen

Nährwerte pro Portion: Kalorien: 450, Eiweiß: 30 g, Fett: 25 g, Kohlenhydrate: 30 g

Zubereitungszeit: 25 Minuten
Portionen: 2
Zutaten:

- 2 Lachsfilets, je 200 g
- 200 g Kartoffeln, in dünne Scheiben geschnitten
- 150 g grüne Bohnen, halbiert
- 1 Zitrone (Saft und Zesten)
- 2 EL Olivenöl
- 2 Knoblauchzehen, gehackt
- frische Petersilie, gehackt
- Salz und Pfeffer, nach Geschmack

Zubereitung:

1. Die Lachsfilets mit Zitronensaft, Zitronenzesten, Olivenöl, gehacktem Knoblauch, Salz und Pfeffer marinieren.
2. Die Kartoffelscheiben und grüne Bohnen mit etwas Olivenöl vermengen, salzen und pfeffern.
3. Die Kartoffelscheiben und die grünen Bohnen in den Korb der Heißluftfritteuse geben und die Lachsfilets darauf legen.
4. Alles bei 200°C etwa 15-18 Minuten garen, bis der Lachs und das Gemüse gar sind.

Börek mit Blattspinat und Tofu

Nährwerte pro Portion: Kalorien: 400, Eiweiß: 15 g, Fett: 20 g, Kohlenhydrate: 40 g

Zubereitungszeit: 20 Minuten
Portionen: 2
Zutaten:

- 500 g Blattspinat, TK
- 1 Knoblauchzehe
- 1 Zwiebel
- 120 g Räuchertofu
- 2 EL Saure Sahne
- 1 EL Olivenöl
- 1 Prise Salz und Pfeffer
- 1 Yufka-Teig

Zubereitung:

1. Den Spinat auftauen lassen und die Flüssigkeit entfernen.
2. Zwiebel und Knoblauch klein hacken.
3. Den Tofu mit einer Gabel zerdrücken.
4. Zwiebel, Knoblauch und Olivenöl kurz in einer Pfanne andünsten.
5. Anschließend den Spinat und Tofu zugeben und für 6 Minuten bei mittlerer Hitze anbraten.
6. Die Pfanne vom Herd nehmen, Sauerrahm einrühren und mit Salz und Pfeffer abschmecken.
7. Den Yufka-Teig über Kreuz in Dreiecke schneiden und leicht mit Wasser bepinseln.
8. Den Teig mit der Spinat-Tofu-Füllung belegen und aufrollen.
9. Börek in den Gitterkorb der Cosori Heißluftfritteuse legen und für 10 Min. bei 180°C backen. Zwischendurch einmal wenden.

Gebackener Blumenkohl

Nährwerte pro Portion: Kalorien: 250, Eiweiß: 10 g, Fett: 15 g, Kohlenhydrate: 20 g

Zubereitungszeit: 25 Minuten
Portionen: 2
Zutaten:

- 1 Blumenkohl, in Röschen geschnitten
- 2 Eier
- 100 g Paniermehl
- 3 EL Olivenöl
- Salz und Pfeffer, nach Geschmack

Zubereitung:

1. Die Blumenkohlröschen in Salzwasser 8 Minuten kochen.
2. Die Eier in einem tiefen Teller mit Salz und Pfeffer verquirlen.
3. Das Paniermehl in einem weiteren, tiefen Teller mit Olivenöl vermischen.
4. Den Blumenkohl erst durch das Ei und anschließend durch die Paniermehl-Öl-Mischung ziehen.
5. Den Blumenkohl im Gitterkorb der Heißluftfritteuse bei 175°C für ca. 8-10 Minuten goldbraun frittieren.

Mediterrane Quinoa-Bällchen

Nährwerte pro Portion: Kalorien: 320, Eiweiß: 15 g, Fett: 12 g, Kohlenhydrate: 35 g

Zubereitungszeit: 30 Minuten
Portionen: 2
Zutaten:

- 150 g Quinoa, gekocht
- 1 Zucchini, gerieben
- 1 Möhre, gerieben
- 1 Zwiebel, fein gehackt
- 2 Knoblauchzehen, gepresst
- 50 g Feta-Käse, zerbröselt
- 2 Eier
- 2 EL Hafermehl
- 1 TL getrocknete Kräuter (z.B. Oregano, Thymian, Rosmarin)
- Salz und Pfeffer, nach Geschmack
- Olivenöl, zum Bestreichen

Zubereitung:

1. Alle Zutaten in einer Schüssel gut miteinander vermengen.
2. Aus der Masse kleine Bällchen formen und in den Gitterkorb der Heißluftfritteuse legen.
3. Die Bällchen mit Olivenöl bestreichen und bei 180°C etwa 15-20 Minuten goldbraun backen.

Zucchini gefüllt mit Tomaten und Oliven

Nährwerte pro Portion: Kalorien: 270, Eiweiß: 8 g, Fett: 20 g, Kohlenhydrate: 10 g

Zubereitungszeit: 25 Minuten
Portionen: 2
Zutaten:

- 2 mittelgroße Zucchini
- 60 g Oliven, schwarz
- 100 g Tomaten
- 40 g Creme Fraiche
- 60 g Frischkäse
- 80 g Gouda, gerieben
- Salz und Pfeffer, nach Geschmack

Zubereitung:

1. Die Zucchini der Länge nach halbieren, mit einem Löffel aushöhlen und das Fruchtfleisch beiseite stellen.
2. Die Tomaten und Oliven klein hacken.
3. Das Fruchtfleisch der Zucchini gut mit den Oliven, Tomaten, Creme Fraiche, Frischkäse, Salz und Pfeffer vermischen.
4. Die Zucchini mit der Tomaten-Oliven-Füllung füllen und mit dem Gouda bestreuen.
5. Die Zucchini in den Gitterkorb der Cosori Heißluftfritteuse legen und für 15-20 Min. bei 170°C backen.

Knusprige Falafel mit Tahini-Dip

Nährwerte pro Portion: Kalorien: 350, Eiweiß: 12 g, Fett: 15 g, Kohlenhydrate: 45 g

Zubereitungszeit: 25 Minuten
Portionen: 1
Zutaten:

- 200 g Kichererbsen, aus der Dose und abgetropft
- 1 Zwiebel, fein gehackt
- 2 Knoblauchzehen, gepresst
- 2 EL Petersilie, gehackt
- 1 TL Kreuzkümmel, gemahlen
- 1 TL Koriander, gemahlen
- 1 TL Backpulver
- 2 EL Olivenöl
- 50 g Vollkornmehl
- 1 EL Tahini (Sesampaste)
- Wasser, zum Verdünnen der Tahini
- Salz und Pfeffer, nach Geschmack

Zubereitung:

1. Kichererbsen, Zwiebel, Knoblauch, Petersilie, Kreuzkümmel, Koriander, Backpulver, Salz und Pfeffer in einem Standmixer zu einer groben Paste verarbeiten.
2. Das Olivenöl zur Paste hinzufügen und gut durchmixen.
3. Das Vollkornmehl nach und nach einrühren, bis ein formbarer Teig entsteht.
4. Den Teig zu kleinen Bällchen formen und in dem Korb der Heißluftfritteuse bei 180°C für ca. 15 Minuten goldbraun backen.
5. In der Zwischenzeit die Tahini mit Wasser verdünnen, bis die gewünschte Konsistenz erreicht ist.
6. Die knusprigen Falafel mit dem Tahini-Dip servieren.

Gemüsepäckchen mit Feta-Dip

Nährwerte pro Portion: Kalorien: 450, Eiweiß: 12 g, Fett: 28 g, Kohlenhydrate: 40 g

Zubereitungszeit: 25 Minuten
Portionen: 3
Zutaten für die Gemüsefüllung:

- 2 Pkg. Blätterteig, aus dem Kühlregal
- 200 g Cherrytomaten, halbiert
- 1 Zucchini, in dünne Scheiben geschnitten
- 1 Paprika, in Streifen geschnitten
- 1 Aubergine, in Würfel geschnitten
- 2 EL Olivenöl
- 2 Knoblauchzehen, gehackt
- frische Kräuter (Thymian, Rosmarin)
- Salz und Pfeffer, nach Geschmack

Für den Feta-Dip:

- 100 g Feta-Käse, zerbröselt
- 2 EL griechischer Joghurt
- 1 EL Zitronensaft
- Salz und Pfeffer nach Geschmack

Zubereitung:

1. Den Blätterteig ausrollen und in 12 gleich große Quadrate schneiden. Das Gemüse mit Olivenöl, Knoblauch, frischen Kräutern, Salz und Pfeffer vermengen.
2. Die Gemüsemischung auf den Blätterteig-Quadraten verteilen und diese zu Päckchen formen.
3. Die Gemüsepäckchen in dem Gitterkorb der Cosori Heißluftfritteuse bei 180°C für ca. 15-20 Minuten goldbraun backen.
4. In der Zwischenzeit für den Feta-Dip alle Zutaten gut miteinander verrühren.
5. Die gefüllten Gemüsepäckchen mit dem Feta-Dip servieren.

Vegetarisch gefüllte Paprika mit Quinoa

Nährwerte pro Portion: Kalorien: 380, Eiweiß: 18 g, Fett: 8 g, Kohlenhydrate: 55 g

Zubereitungszeit: 40 Minuten
Portionen: 4
Zutaten:

- 4 große Paprikaschoten
- 180 g gekochter Quinoa
- 200 g schwarze Bohnen, abgespült und abgetropft
- 1 Zwiebel, gewürfelt
- 2 Knoblauchzehen, gehackt
- 1 TL Kreuzkümmel
- 1 TL Paprikapulver
- 200 g gewürfelte Tomaten, aus der Dose
- 100 g Maiskörner, aus der Dose
- Salz und Pfeffer, nach Geschmack
- 100 g Cheddar, gerieben

Zubereitung:

1. Die Paprikaschoten halbieren und entkernen.
2. Quinoa, schwarze Bohnen, Zwiebel, Knoblauch, Kreuzkümmel, Paprikapulver, gewürfelte Tomaten, Mais, Salz und Pfeffer gut miteinander vermengen.
3. Die Quinoa-Mischung gleichmäßig in die Paprikahälften füllen.
4. Die gefüllten Paprikahälften mit dem Cheddar bestreuen und in den Korb der Cosori Heißluftfritteuse geben.
5. Die gefüllten Paprika bei 180°C für ca. 20-25 Minuten backen, bis die Paprika weich sind und der Käse gebräunt ist.

Knusprige Kichererbsen-Tacos mit Avocadocreme

Nährwerte pro Portion: Kalorien: 350, Eiweiß: 11 g, Fett: 14 g, Kohlenhydrate: 49 g

Zubereitungszeit: 20 Minuten
Portionen: 2
Zutaten für die Tacos:

- 240 g Kichererbsen aus der Dose, abgetropft
- 1 EL Olivenöl
- 1 TL Kreuzkümmel
- 1 TL Paprikapulver
- ½ TL Knoblauchpulver
- ½ TL Zwiebelpulver
- ¼ TL Cayennepfeffer
- Salz nach Geschmack
- 4 Taco-Shells

Für die Avocado-Creme:

- 1 reife Avocado
- Saft einer halben Limette
- 1 Knoblauchzehe, gepresst
- Salz und Pfeffer, nach Geschmack

Zubereitung:

1. Die Kichererbsen in einer Schüssel mit Olivenöl, Kreuzkümmel, Paprikapulver, Knoblauchpulver, Zwiebelpulver, Cayennepfeffer und Salz vermengen.
2. Die gewürzten Kichererbsen in dem Korb der Cosori Heißluftfritteuse bei 200°C für etwa 15-18 Minuten rösten, bis sie knusprig sind. Dabei den Korb ab und zu schütteln.
3. In der Zwischenzeit die Avocado zerdrücken und mit Limettensaft, Knoblauch, Salz und Pfeffer vermengen.
4. Die knusprigen Kichererbsen in die Taco-Shells legen und mit der Avocado-Creme garnieren.

Süßkartoffel-Zucchini-Möhre-Laibchen

Nährwerte pro Portion: Kalorien: 320, Eiweiß: 5 g, Fett: 14 g, Kohlenhydrate: 45 g

Zubereitungszeit: 20 Minuten
Portionen: 2
Zutaten:

- 400 g Süßkartoffel, geschält und gerieben
- 1 Zucchini, gerieben und ausgedrückt
- 1 Möhre, gerieben
- 1 Ei
- 2 EL Mehl
- 2 EL Olivenöl
- Salz und Pfeffer, nach Geschmack

Zubereitung:

1. Die geriebene Süßkartoffel, Zucchini und Möhre in einer Schüssel miteinander vermischen.
2. Das Ei, Öl, Salz und Pfeffer hinzufügen und gut vermengen.
3. Das Mehl dazugeben und erneut vermengen.
4. Die Mischung zu kleinen Laibchen formen und in dem Gitterkorb der Heißluftfritteuse bei 180°C für ca. 15 Minuten goldbraun und knusprig backen.

Gemüse-Quesadillas

Nährwerte pro Portion: Kalorien: 380, Eiweiß: 20 g, Fett: 15 g, Kohlenhydrate: 45 g

Zubereitungszeit: 20 Minuten
Portionen: 2
Zutaten:

- 1 Paprika, in Streifen geschnitten
- 1 Zucchini, in dünne Scheiben geschnitten
- 1 rote Zwiebel, in Ringe geschnitten
- 1 Tomate, gewürfelt
- 100 g Maiskörner aus der Dose, abgetropft
- 100 g Cheddar, gerieben
- 1 TL Olivenöl
- 1 TL Taco-Gewürzmischung
- Salz und Pfeffer, nach Geschmack
- 4 mittelgroße Vollkorn-Tortillas

Zubereitung:

1. Paprika, Zucchini, rote Zwiebel, Tomate und Mais in einer Pfanne mit Olivenöl anbraten. Anschließend mit Taco-Gewürzmischung, Salz und Pfeffer würzen.
2. Die Tortillas in der Cosori Heißluftfritteuse bei 180°C kurz aufwärmen.
3. Die Hälfte jeder Tortilla mit der Gemüsemischung belegen, den Cheddar darüber streuen und die andere Hälfte darüber klappen.
4. Die gefüllten Tortillas in die Heißluftfritteuse bei 180°C für etwa 5-7 Minuten backen, bis sie knusprig sind und der Käse geschmolzen ist.
5. Die Gemüse-Quesadillas in Dreiecke schneiden und genießen.

Kichererbsen-Süßkartoffel-Burger Patties

Nährwerte pro Portion: Kalorien: 250, Eiweiß: 8 g, Fett: 6 g, Kohlenhydrate: 40 g

Zubereitungszeit: 35 Minuten
Portionen: 4
Zutaten:

- 200 g Kichererbsen, abgetropft
- 100 g Süßkartoffel, gekocht und püriert
- 50 g Zwiebel, fein gehackt
- 2 Knoblauchzehen, gehackt
- 1 TL Kreuzkümmel
- 1 TL Paprikapulver
- 1 TL Senf
- 50 g Haferflocken
- Salz und Pfeffer, nach Geschmack

Zubereitung:

1. Die Kichererbsen in einem Standmixer grob zerkleinern.
2. Kichererbsen, pürierte Süßkartoffel, Zwiebel, Knoblauch, Kreuzkümmel, Paprikapulver, Senf, Salz und Pfeffer gut miteinander vermischen.
3. Die Haferflocken hinzufügen und zu einem formbaren Teig kneten.
4. Aus dem Teig Burger-Patties formen und in der Heißluftfritteuse bei 180°C etwa 20 Minuten backen.

Knusprige Gemüse-Samosas

Nährwerte pro Portion: Kalorien: 220, Eiweiß: 5 g, Fett: 7 g, Kohlenhydrate: 35 g

Zubereitungszeit: 30 Minuten
Portionen: 4
Zutaten:

- 200 g Kartoffeln, gekocht und gewürfelt
- 100 g Erbsen
- 100 g Möhren, gewürfelt
- 1 Zwiebel, fein gehackt
- 2 Knoblauchzehen, gehackt
- 1 TL Kreuzkümmel
- 1 TL Garam Masala
- 1 TL Kurkuma
- Salz und Pfeffer, nach Geschmack
- 1 EL Olivenöl
- 10 Blätter Frühlingsrollenteig
- Ölspray

Zubereitung:

1. Kartoffeln, Erbsen und Möhren in einer Pfanne mit Olivenöl anbraten.
2. Zwiebeln und Knoblauch hinzufügen und weiter braten, bis sie weich sind.
3. Kreuzkümmel, Garam Masala, Kurkuma, Salz und Pfeffer einrühren, gut vermengen und beiseite stellen.
4. Die Frühlingsrollenteigblätter laut Packungsanweisung vorbereiten.
5. Die Frühlingsrollenblätter mit der Gemüsefüllung füllen und zu Dreiecken formen.
6. Die Samosas mit Ölspray besprühen und in der Cosori Heißluftfritteuse bei 180°C etwa 15-18 Minuten goldbraun backen.

Quinoa-Falafel

Nährwerte pro Portion: Kalorien: 360, Eiweiß: 14 g, Fett: 10 g, Kohlenhydrate: 60 g

Zubereitungszeit: 25 Minuten
Portionen: 2
Zutaten:

- 200 g gekochten Quinoa
- 400 g Kichererbsen aus der Dose, abgetropft
- 1 Zwiebel, fein gehackt
- 2 Knoblauchzehen, gehackt
- 1 TL Kreuzkümmel
- 1 TL Koriander
- 1 TL Paprikapulver
- 1 TL Backpulver
- Salz und Pfeffer, nach Geschmack
- frische Korianderblätter, zum Garnieren

Zubereitung:

1. Alle Zutaten in einem Standmixer zu einer groben Masse verarbeiten.
2. Aus der Masse kleine Bällchen formen und in dem Gitterkorb der Heißluftfritteuse bei 180°C etwa 15 Minuten backen.
3. Die Quinoa-Falafel mit frischen Korianderblättern garnieren und genießen.

Beilagen und Snacks

Gefüllte Champignons mit Speck und Käse

Nährwerte pro Portion: Kalorien: 120, Eiweiß: 6 g, Fett: 8 g, Kohlenhydrate: 5 g

Zubereitungszeit: 12 Minuten
Portionen: 2
Zutaten:

- 2 Riesenchampignons
- 20 g Speck, gewürfelt
- 1 Frühlingszwiebel, in feine Ringe geschnitten
- 20 g Blauschimmelkäse, zerbröselt
- etwas Salz und Pfeffer

Zubereitung:

1. Die Champignons waschen und vom Stiel befreien.
2. Den Stiel fein hacken und mit dem gewürfelten Speck, der klein geschnittenen Frühlingszwiebel, dem zerbröselten Blauschimmelkäse, Salz und Pfeffer vermengen.
3. Die Masse nun in die Champignons füllen und in dem Korb der Heißluftfritteuse für 7 Minuten bei 180°C backen.

Spargel im Schinkenmantel

Nährwerte pro Portion: Kalorien: 100, Eiweiß: 10 g, Fett: 4 g, Kohlenhydrate: 8 g

Zubereitungszeit: 30 Minuten
Portionen: 3
Zutaten:

- 500 g grüner Spargel, geschält
- 100 g Schinken, in dünnen Scheiben
- etwas Salz

Zubereitung:

1. Den Spargel in einem Topf mit Salzwasser für ca. 10 Minuten köcheln.
2. Anschließend die Spargelstangen mit dem Schinken umhüllen.
3. Die Spargelstangen in den Korb der Heißluftfritteuse legen und bei 200°C für 12-15 Minuten knusprig frittieren.

Brokkoli-Parmesan-Bällchen

Nährwerte pro Portion: Kalorien: 150, Eiweiß: 9 g, Fett: 8 g, Kohlenhydrate: 12 g

Zubereitungszeit: 30 Minuten
Portionen: 4
Zutaten:

- 300 g frischer Brokkoli, fein gehackt
- 50 g Parmesan, gerieben
- 50 g Paniermehl
- 2 Eier, verquirlt
- 1 Knoblauchzehe, fein gehackt
- Salz und Pfeffer, nach Geschmack

Zubereitung:

1. Den gehackten Brokkoli in einer Schüssel mit geriebenem Parmesan, Paniermehl, verquirlten Eiern, Knoblauch, Salz und Pfeffer vermengen.
2. Aus der Brokkoli-Masse kleine Bällchen formen und in den Korb der Cosori Heißluftfritteuse geben.
3. Die Brokkoli-Parmesan-Bällchen bei 180°C etwa 15-18 Minuten backen, bis die Bällchen goldbraun sind.

Süßkartoffel-Wedges

Nährwerte pro Portion: Kalorien: 150, Eiweiß: 2 g, Fett: 4 g, Kohlenhydrate: 28 g

Zubereitungszeit: 25 Minuten
Portionen: 4
Zutaten:

- 500 g Süßkartoffeln
- 2 EL Olivenöl
- 1 TL Paprikapulver
- 1 TL Knoblauchpulver
- 1 TL Zwiebelpulver
- Salz und Pfeffer, nach Geschmack

Zubereitung:

1. Die Süßkartoffeln in Wedges schneiden.
2. Die Wedges mit Olivenöl, Paprikapulver, Knoblauchpulver, Zwiebelpulver, Salz und Pfeffer vermengen.
3. Die Wedges im Korb der Heißluftfritteuse bei 200°C etwa 20-25 Minuten goldbraun und knusprig backen. Dabei immer wieder den Korb schütteln.

Bunte Gemüsepfanne

Nährwerte pro Portion: Kalorien: 167, Eiweiß: 3 g, Fett: 7 g, Kohlenhydrate: 23 g

Zubereitungszeit: 25 Minuten
Portionen: 3
Zutaten:

- 200 g Kartoffeln, gewürfelt
- 150 g Brokkoli, in Röschen geteilt
- 1 rote Paprika, in Streifen geschnitten
- 1 Zucchini, in Scheiben geschnitten
- 1 Möhre, in Scheiben geschnitten
- 2 EL Olivenöl
- 1 TL Paprikapulver
- 1 TL Knoblauchpulver
- Salz und Pfeffer, nach Geschmack
- frische Kräuter, zum Garnieren

Zubereitung:

1. Das Gemüse in einer Schüssel mit Olivenöl, Paprikapulver, Knoblauchpulver, Salz und Pfeffer vermengen.
2. Das Gemüse in den Korb der Heißluftfritteuse geben und bei 180°C etwa 15-20 Minuten garen, dabei gelegentlich umrühren.
3. Die Gemüsepfanne mit frischen Kräutern garnieren und genießen.

Knusprige Maiskolben

Nährwerte pro Portion: Kalorien: 180, Eiweiß: 3 g, Fett: 8 g, Kohlenhydrate: 25 g

Zubereitungszeit: 20 Minuten
Portionen: 2
Zutaten:

- 2 Maiskolben, halbiert
- 2 EL geschmolzene Butter
- 1 TL Paprikapulver
- 1 TL geräuchertes Paprikapulver
- 1 TL Kreuzkümmel
- Salz und Pfeffer, nach Geschmack

Zubereitung:

1. Die Maiskolbenhälften mit geschmolzener Butter bestreichen.
2. In einer Schüssel Paprikapulver, geräuchertes Paprikapulver, Kreuzkümmel, Salz und Pfeffer vermengen.
3. Die Maiskolben mit der Gewürzmischung bestreuen und in den Gitterkorb der Heißluftfritteuse legen.
4. Die Maiskolben bei 200°C etwa 15 Minuten backen, bis sie goldbraun und knusprig sind.

Blumenkohl-Pfannkuchen

Nährwerte pro Portion: Kalorien: 200, Eiweiß: 12 g, Fett: 8 g, Kohlenhydrate: 20 g

Zubereitungszeit: 25 Minuten
Portionen: 2
Zutaten:

- 300 g Blumenkohlreis, TK
- 2 Eier
- 50 g Parmesan, gerieben
- 50 g Mehl
- 1 TL Backpulver
- Salz und Pfeffer, nach Geschmack
- frischer Schnittlauch, gehackt

Zubereitung:

1. Den Blumenkohlreis auftauen lassen und die überschüssige Flüssigkeit entfernen.
2. Blumenkohlreis, Eier, Parmesan, Mehl, Backpulver, Salz und Pfeffer in einer Schüssel gut miteinander vermengen.
3. Die Mischung in den Korb der Cosori Heißluftfritteuse geben und etwas andrücken.
4. Den Blumenkohl-Pfannkuchen etwa 15 Minuten bei 180 Grad goldbraun backen.
5. Anschließend mit frischem Schnittlauch garnieren und genießen.

Kartoffelgratin

Nährwerte pro Portion: Kalorien: 290, Eiweiß: 10 g, Fett: 12 g, Kohlenhydrate: 33 g

Zubereitungszeit: 50 Minuten
Portionen: 6
Zutaten:

- 600 g Kartoffeln
- 2 Eier
- 300 ml Milch
- 50 g Frischkäse
- 100 g Emmentaler, gerieben
- Salz und Pfeffer

Zubereitung:

1. Die Kartoffeln schälen und in dünne Scheiben schneiden.
2. Eier, Milch, Frischkäse, Salz und Pfeffer miteinander verquirlen.
3. Die Kartoffeln in den Korb der Heißluftfritteuse schichten und die Eiermasse darüber laufen lassen.
4. Den Emmentaler darüber streuen und das Kartoffelgratin für 40 Minuten bei 180°C backen.

Knusprige Chili-Pommes

Nährwerte pro Portion: Kalorien: 230, Eiweiß: 3 g, Fett: 7 g, Kohlenhydrate: 40 g

Zubereitungszeit: 25 Minuten
Portionen:
Zutaten:

- 300 g Kartoffeln
- 1 Chilischote
- 1 EL Olivenöl
- ¼ TL Salz
- ¼ EL Pfeffer
- ¼ EL Currypulver

Zubereitung:

1. Die Kartoffeln schälen und in Stäbchen schneiden.
2. Die Chilischoten klein hacken und mit Olivenöl, Salz, Pfeffer und Currypulver vermischen.
3. Die Pommes mit der Gewürzmischung einreiben, in den Korb der Heißluftfritteuse geben und bei 180°C für 20 Minuten backen. Zwischendurch mehrmals den Korb schütteln.

Lachs-Kroketten

Nährwerte pro Portion: Kalorien: 375, Eiweiß: 21 g, Fett: 12 g, Kohlenhydrate: 45 g

Zubereitungszeit: 45 Minuten
Portionen: 4
Zutaten:

- 300 g frisches Lachsfilet, gehackt
- 500 g Kartoffeln, geschält und gewürfelt
- 1 Zwiebel, fein gehackt
- 2 EL frische Petersilie, gehackt
- 2 EL Mehl
- 2 Eier
- Salz und Pfeffer, nach Geschmack
- Olivenöl, zum Besprühen der Kroketten
- Paniermehl, zum Wälzen

Zubereitung:

1. Die Kartoffeln kochen, bis sie weich sind. Dann abgießen und zerstampfen.
2. Das Lachsfilet klein hacken.
3. Das klein gehackte Lachsfilet, die zerstampften Kartoffeln, Zwiebel, Petersilie, Mehl, Eier, Salz und Pfeffer in einer Schüssel gut miteinander vermengen.
4. Die Lachs-Mischung zu Kroketten formen. Die Kroketten in Paniermehl wälzen, leicht mit Olivenöl besprühen und in den Korb der Heißluftfritteuse legen.
5. Bei 180°C etwa 15-20 Minuten backen, bis die Kroketten goldbraun und knusprig sind.

Ratatouille

Nährwerte pro Portion: Kalorien: 180, Eiweiß: 4 g, Fett: 8 g, Kohlenhydrate: 25 g

Zubereitungszeit: 30 Minuten
Portionen: 2
Zutaten:

- 200 g Zucchini
- 200 g Aubergine
- 150 g rote Paprika
- 150 g gelbe Paprika
- 1 Zwiebel
- 2 Knoblauchzehen
- 2 EL Olivenöl
- 400 g Tomaten, frisch oder aus der Dose
- 1 TL Kräuter der Provence, getrocknet
- 1 TL Paprikapulver
- Salz und Pfeffer, nach Geschmack

Zubereitung:

1. Zucchini, Aubergine, rote und gelbe Paprika in gleichmäßige Würfel schneiden.
2. Zwiebel und Knoblauch fein hacken.
3. Das geschnittene Gemüse direkt in den Korb der Heißluftfritteuse geben.
4. Olivenöl über das Gemüse geben und gut vermengen.
5. Tomaten in Würfel schneiden und zu dem Gemüse in die Heißluftfritteuse geben.
6. Die Kräuter der Provence, das Paprikapulver, Salz und Pfeffer hinzufügen und erneut vermengen.
7. Das Ratatouille bei 180°C für ca. 20-25 Minuten in der Heißluftfritteuse garen, bis das Gemüse weich ist.

Avocado-Pommes mit Sriracha-Dip

Nährwerte pro Portion: Kalorien: 400, Eiweiß: 10 g, Fett: 30 g, Kohlenhydrate: 25 g

Zubereitungszeit: 20 Minuten
Portionen: 2
Zutaten für die Avocado-Pommes:

- 2 reife Avocados
- 100 g Paniermehl
- 50 g Mehl
- 2 Eier
- 1 TL Knoblauchpulver
- Salz und Pfeffer, nach Geschmack
- Olivenöl, zum Besprühen
- **Für den Sriracha-Dip:**
- 4 EL Mayonnaise
- 1-2 TL Sriracha-Soße, nach Geschmack
- 1 TL Limettensaft
- Salz und Pfeffer, nach Geschmack

Zubereitung:

1. Die Avocados schälen, entkernen und der Länge nach in Streifen schneiden.
2. In einer Schüssel das Mehl mit Knoblauchpulver, Salz und Pfeffer vermengen.
3. In einer zweiten Schüssel die Eier verquirlen.
4. Das Paniermehl in eine dritte Schüssel geben.
5. Jeden Avocado-Streifen zuerst im Mehl wenden, dann durch die Eier ziehen und schließlich im Paniermehl wälzen.
6. Die panierten Avocado-Streifen in den Korb der Cosori Heißluftfritteuse legen, leicht mit Olivenöl besprühen und bei 200°C für etwa 10-12 Minuten goldbraun und knusprig backen. Zwischendurch einmal wenden.
7. In der Zwischenzeit die Mayonnaise, Sriracha-Soße und Limettensaft gut miteinander vermengen. Mit Salz und Pfeffer abschmecken.
8. Die Avocado-Pommes aus der Heißluftfritteuse nehmen und mit dem Sriracha-Dip servieren.

Knoblauch-Kräuter-Kartoffelwürfel

Nährwerte pro Portion: Kalorien: 220, Eiweiß: 3 g, Fett: 7 g, Kohlenhydrate: 35 g

Zubereitungszeit: 30 Minuten
Portionen: 2
Zutaten:

- 500 g Kartoffeln, gewaschen und gewürfelt
- 2 EL Olivenöl
- 2 TL Knoblauchpulver
- 2 TL getrocknete Kräuter (z.B. Rosmarin, Thymian)
- Salz und Pfeffer, nach Geschmack

Zubereitung:

1. Die Kartoffelwürfel in einer Schüssel mit Olivenöl, Knoblauchpulver, getrockneten Kräutern, Salz und Pfeffer vermengen.
2. Die Kartoffelwürfel in den Korb der Heißluftfritteuse legen und bei 190°C etwa 25-30 Minuten goldbraun und knusprig backen.

Zucchini-Kichererbsen-Laibchen

Nährwerte pro Portion: Kalorien: 160, Eiweiß: 6 g, Fett: 7 g, Kohlenhydrate: 20 g

Zubereitungszeit: 25 Minuten
Portionen: 4
Zutaten:

- 400 g Zucchini, gerieben und ausgedrückt
- 200 g Kichererbsen, abgetropft und püriert
- 1 Ei
- 50 g Paniermehl
- 2 EL frische Petersilie, gehackt
- 1 TL Kreuzkümmel
- Salz und Pfeffer, nach Geschmack
- 2 EL Olivenöl (für die Fritteuse)

Zubereitung:

1. In einer Schüssel die geriebenen Zucchini, pürierte Kichererbsen, Ei, Paniermehl, gehackte Petersilie, Kreuzkümmel, Salz und Pfeffer miteinander vermengen.
2. Aus der Zucchini-Kichererbsen-Mischung kleine Laibchen formen und in den Korb der Heißluftfritteuse legen.
3. Die Zucchini-Kichererbsen-Laibchen mit dem Olivenöl bestreichen und bei 180°C für etwa 15 Minuten goldbraun backen.

Parmesan-Zucchini-Rucola-Spiralen

Nährwerte pro Portion: Kalorien: 120, Eiweiß: 5 g, Fett: 8 g, Kohlenhydrate: 8 g

Zubereitungszeit: 20 Minuten
Portionen: 4
Zutaten:

- 500 g Zucchini, spiralisiert
- 2 EL Olivenöl
- 50 g Parmesan, gerieben
- 1 Handvoll frischer Rucola
- Saft einer halben Zitrone
- Salz und Pfeffer, nach Geschmack

Zubereitung:

1. Die Zucchini-Spiralen in einer Schüssel mit Olivenöl, geriebenem Parmesan, Rucola, Zitronensaft, Salz und Pfeffer vermengen.
2. Die Parmesan-Zucchini-Rucola-Spiralen in den Korb der Heißluftfritteuse geben und bei 180°C für etwa 10-12 Minuten backen, bis sie leicht gebräunt sind.

Blumenkohl-Pizza-Bites

Nährwerte pro Portion: Kalorien: 220, Eiweiß: 15 g, Fett: 12 g, Kohlenhydrate: 20 g

Zubereitungszeit: 30 Minuten
Portionen: 2
Zutaten:

- 600 g Blumenkohl
- 1 Ei
- 50 g Parmesan, gerieben
- 1 TL Oregano, getrocknet
- 1 TL Knoblauchpulver
- 120 g passierte Tomaten
- 60 g Mozzarella, gerieben
- Salz und Pfeffer, nach Geschmack
- frische Basilikumblätter, zum Garnieren

Zubereitung:

1. Den Blumenkohl in kleine Röschen schneiden und in einem Standmixer zu feinen Krümeln zerkleinern.
2. Den Blumenkohl in ein sauberes Geschirrtuch geben und die überschüssige Flüssigkeit ausdrücken.
3. In einer Schüssel den Blumenkohl, Ei, Parmesan, Oregano, Knoblauchpulver, Salz und Pfeffer gut miteinander vermengen.
4. Die Mischung zu kleinen Bällchen formen und in dem Korb der Heißluftfritteuse bei 200°C für etwa 15-18 Minuten backen, bis sie goldbraun sind.
5. Die Blumenkohl-Bällchen mit den passierten Tomaten übergießen und mit dem Mozzarella belegen und in der Heißluftfritteuse für weitere 5 Minuten bei 200°C backen.
6. Zuletzt mit frischen Basilikumblättern garnieren und genießen.

Mini-Wiener Würstchen im Teigmantel

Nährwerte pro Portion: Kalorien: 90, Eiweiß: 3 g, Fett: 6 g, Kohlenhydrate: 6 g

Zubereitungszeit: 25 Minuten
Portionen: 4
Zutaten:

- 20 Stück Mini-Wiener Würstchen, abgetropft
- 100 g Blätterteig, aus dem Kühlregal
- 1 EL feiner Senf

Zubereitung:

1. Den Blätterteig in Streifen von 5 x 1½ cm Größe schneiden und dünn mit Senf bestreichen.
2. Jedes Würstchen spiralförmig in einen Teigstreifen einrollen.
3. Die Hälfte der Würstchen im Teigmantel in den Korb der Heißluftfritteuse geben und bei 170°C für 10-12 Minuten goldbraun backen.
4. Anschließend die zweite Hälfte der Würstchen bei 170°C für 10-12 Minuten backen und genießen.

Süßkartoffelchips

Nährwerte pro Portion: Kalorien: 180, Eiweiß: 2 g, Fett: 5 g, Kohlenhydrate: 30 g

Zubereitungszeit: 30 Minuten
Portionen: 2
Zutaten:

- 400 g Süßkartoffeln
- 1 EL Olivenöl
- 1 TL Paprikapulver
- ½ TL Knoblauchpulver
- Salz nach Geschmack

Zubereitung:

1. Die Süßkartoffeln schälen und in sehr dünne Scheiben schneiden (idealerweise mit einem Gemüsehobel oder einer Mandoline).
2. Die geschnittenen Süßkartoffeln in eine Schüssel geben.
3. Olivenöl, Paprikapulver, Knoblauchpulver und Salz hinzufügen. Gründlich vermengen, bis die Süßkartoffelscheiben gleichmäßig bedeckt sind.
4. Die gewürzten Süßkartoffelscheiben in den Korb der Heißluftfritteuse geben, dabei darauf achten, dass sie sich nicht überlappen.
5. Bei 175°C etwa 15-20 Minuten backen, bis die Chips goldbraun und knusprig sind. In der Mitte der Garzeit den Korb schütteln, um eine gleichmäßige Bräunung zu gewährleisten.
6. Die Süßkartoffelchips aus der Heißluftfritteuse nehmen und kurz abkühlen lassen.

Süß-scharfe Nüsse

Nährwerte pro Portion: Kalorien: 220, Eiweiß: 6 g, Fett: 18 g, Kohlenhydrate: 10 g

Zubereitungszeit: 15 Minuten
Portionen: 4
Zutaten:

- 200 g gemischte Nüsse (z.B. Mandeln, Walnüsse, Cashews)
- 2 EL Honig
- 1 TL Chilipulver
- 1 TL Paprikapulver
- ½ TL Salz

Zubereitung:

1. Die gemischten Nüsse in einer Schüssel mit dem Honig vermengen.
2. Chilipulver, Paprikapulver und Salz hinzufügen und gut vermischen, bis die Nüsse gleichmäßig bedeckt sind.
3. Die gewürzten Nüsse in dem Korb der Cosori Heißluftfritteuse bei 160°C etwa 8-10 Minuten rösten, bis sie knusprig sind.
4. Anschließend die Nüsse abkühlen lassen und in 4 Portionen teilen.

Pita-Chips mit Avocado-Feta-Dip

Nährwerte pro Portion: Kalorien: 220, Eiweiß: 6 g, Fett: 15 g, Kohlenhydrate: 20 g

Zubereitungszeit: 15 Minuten
Portionen: 2
Zutaten:

- 4 Pita-Brote, in Dreiecke geschnitten
- 2 reife Avocados, zerdrückt
- 100 g Feta-Käse, zerbröselt
- 1 Knoblauchzehe, gehackt
- 2 EL frische Petersilie, gehackt
- Saft einer Zitrone
- Salz und Pfeffer, nach Geschmack

Zubereitung:

1. Die Pita-Dreiecke in dem Gitterkorb der Heißluftfritteuse bei 180°C etwa 5-7 Minuten knusprig backen.
2. In der Zwischenzeit in einer Schüssel Avocado, Feta, Zitronensaft, Knoblauch und Petersilie gut miteinander vermengen. Anschließend mit Salz und Pfeffer abschmecken.
3. Den Avocado-Feta-Dip in einer Schüssel anrichten und mit den frisch gebackenen Pita-Chips servieren.

Knusprige Kichererbsen

Nährwerte pro Portion: Kalorien: 220, Eiweiß: 10 g, Fett: 8 g, Kohlenhydrate: 30 g

Zubereitungszeit: 20 Minuten
Portionen: 4
Zutaten:

- 400 g Kichererbsen aus der Dose, abgetropft und abgespült
- 2 EL Olivenöl
- 1 TL Paprikapulver
- 1 TL Kreuzkümmel
- ½ TL Knoblauchpulver
- Salz und Pfeffer, nach Geschmack

Zubereitung:

1. Die abgetropften Kichererbsen in einer Schüssel mit Olivenöl, Paprikapulver, Kreuzkümmel, Knoblauchpulver, Salz und Pfeffer vermengen.
2. Die gewürzten Kichererbsen in den Korb der Heißluftfritteuse geben und bei 200°C für etwa 15-18 Minuten rösten, bis sie knusprig sind. Zwischendurch ab und zu den Korb schütteln.
3. Die knusprigen Kichererbsen abkühlen lassen und in 4 Portionen teilen.

Gemüsechips

Nährwerte pro Portion: Kalorien: 150, Eiweiß: 2 g, Fett: 7 g, Kohlenhydrate: 20 g

Zubereitungszeit: 20 Minuten
Portionen: 2
Zutaten:

- 2 kleine Süßkartoffeln
- 2 Rote Beete
- 1 Pastinake
- 2 EL Olivenöl
- 1 TL Paprikapulver
- Salz und Pfeffer, nach Geschmack

Zubereitung:

1. Das Gemüse schälen und in dünne Scheiben schneiden.
2. Die Gemüsescheiben in einer Schüssel mit Olivenöl, Salz, Pfeffer und Paprikapulver vermengen.
3. Die gewürzten Gemüsescheiben in den Korb der Heißluftfritteuse geben, dabei darauf achten, dass sie sich nicht überlappen.
4. Die Gemüsechips in der Heißluftfritteuse bei 180°C etwa 10-15 Minuten knusprig backen.

Desserts

Reisauflauf mit Äpfel und Rosinen

Nährwerte pro Portion: Kalorien: 350, Eiweiß: 8 g, Fett: 5 g, Kohlenhydrate: 70 g

Zubereitungszeit: 30 Minuten
Portionen: 4
Zutaten:

- 200 g Basmati-Reis, gekocht und abgekühlt
- 2 große Äpfel
- 50 g Rosinen
- 500 ml Milch
- 2 Eier
- 50 g Zucker
- 1 TL Vanilleextrakt
- 1 TL Zimt
- 1 Prise Salz

Zubereitung:

1. Die Äpfel schälen, entkernen und in kleine Würfel schneiden.
2. In einer großen Schüssel Milch, Eier, Zucker, Vanilleextrakt, Zimt und einer Prise Salz verquirlen.
3. Den gekochten Reis in die Milch-Eier-Mischung geben und gut vermengen.
4. Anschließend die gewürfelten Äpfel und Rosinen hinzufügen und gründlich vermischen.
5. Die Reis-Apfel-Mischung in den Korb der Heißluftfritteuse füllen und bei 180°C etwa 20-25 Minuten backen, bis die Oberfläche goldbraun ist.

Kaiserschmarren mit Pflaumen-Zimt-Röster

Nährwerte pro Portion: Kalorien: 400, Eiweiß: 10 g, Fett: 15 g, Kohlenhydrate: 60 g

Zubereitungszeit: 40 Minuten
Portionen: 4
Zutaten für den Kaiserschmarren:

- 200 g Mehl
- 250 ml Milch
- 4 Eiweiß
- 4 Eigelb
- 1 Prise Salz
- 2 EL Zucker
- 50 g Rosinen (optional)
- 50 g Butter, geschmolzen

Für den Pflaumen-Zimtröster:

- 500 g Pflaumen, entkernt und geviertelt
- 50 g Zucker
- 1 TL Zimt

Zubereitung:

1. In einer Schüssel Mehl, Milch, Eigelb, Zucker und eine Prise Salz zu einem glatten Teig verrühren.
2. Das Eiweiß steif schlagen und vorsichtig unter den Teig heben. Optional Rosinen hinzufügen.
3. Die geschmolzene Butter in den Korb der Cosori Heißluftfritteuse gießen.
4. Den Teig in den Korb der Heißluftfritteuse füllen und bei 180°C etwa 20-25 Minuten backen, bis der Kaiserschmarren aufgegangen und goldbraun ist.
5. In der Zwischenzeit die Pflaumen mit Zucker und Zimt in einer Schüssel vermengen.
6. Die Pflaumen mit dem Zimt-Zucker entweder in einer Pfanne oder im Korb der Heißluftfritteuse bei 180°C ca. 10 Minuten rösten, bis sie weich und etwas eingedickt sind.
7. Den Kaiserschmarren mit einem Pfannenwender in Stücke teilen, auf Tellern anrichten und mit dem Pflaumen-Zimt-Röster servieren.

Apfel-Rosinen-Strudel

Nährwerte pro Portion: Kalorien: 300, Eiweiß: 3 g, Fett: 15 g, Kohlenhydrate: 40 g

Zubereitungszeit: 30 Minuten
Portionen: 2
Zutaten:

- 4 Blätter Strudelteig
- 2 Äpfel, geschält und in dünne Scheiben geschnitten
- 50 g Rosinen
- 1 TL Zimt
- 1 EL Honig
- 50 g geschmolzene Butter
- Puderzucker zum Bestreuen

Zubereitung:

1. Den Strudelteig laut Packungsanweisung vorbereiten.
2. Äpfel, Rosinen, Zimt und Honig gut miteinander vermengen.
3. Jeweils ein Viertel der Apfelmischung auf ein Strudelteigblatt legen, einrollen und die Enden verschließen.
4. Die Strudel mit geschmolzener Butter bestreichen.
5. Die Strudel in den Korb der Heißluftfritteuse geben und bei 180°C etwa 15-18 Minuten backen, bis sie goldbraun sind.
6. Mit Puderzucker bestreuen und am besten noch warm servieren.

Schokoladen-Bananen-Nuggets

Nährwerte pro Portion: Kalorien: 220, Eiweiß: 4 g, Fett: 12 g, Kohlenhydrate: 25 g

Zubereitungszeit: 20 Minuten
Portionen: 4
Zutaten:

- 2 reife Bananen, zerdrückt
- 100 g vegane Schokolade, geschmolzen
- 1 TL Vanilleextrakt
- 100 g Paniermehl
- 50 g Mandeln, gemahlen
- 1 TL Zimt
- Sonnenblumenöl zum Besprühen

Zubereitung:

1. In einer Schüssel die zerdrückten Bananen, geschmolzene Schokolade und Vanilleextrakt gut miteinander vermengen.
2. In einer separaten Schüssel Paniermehl, gemahlene Mandeln und Zimt miteinander vermischen.
3. Kleine Nuggets aus der Bananen-Schokoladen-Mischung formen und in der Paniermehl-Mischung wälzen, bis sie gleichmäßig bedeckt sind.
4. Die Nuggets in den Korb der Heißluftfritteuse legen und leicht mit Sonnenblumenöl besprühen.
5. Die Nuggets bei 180°C für etwa 10-12 Minuten goldbraun backen.
6. Nach dem Backen etwas abkühlen lassen und genießen.

Arme-Ritter mit Beerenkompott

Nährwerte pro Portion: Kalorien: 350, Eiweiß: 10 g, Fett: 8 g, Kohlenhydrate: 60 g

Zubereitungszeit: 15 Minuten
Portionen: 2
Zutaten für die Armen Ritter:

- 4 Scheiben Toastbrot
- 2 Eier
- 150 ml Milch
- 1 EL Zucker
- 1 TL Vanilleextrakt
- Eine Prise Salz
- 1 EL Butter

Für das Beerenkompott:

- 200 g gemischte Beeren (z. B. Erdbeeren, Himbeeren, Blaubeeren)
- 2 EL Zucker
- Saft einer halben Zitrone
- frische Minze, zum Garnieren

Zubereitung:

1. In einer Schüssel Eier, Milch, Zucker, Vanilleextrakt und eine Prise Salz gut miteinander vermischen. Die Heißluftfritteuse auf 180°C vorheizen.
2. Die Butter in dem Korb der Heißluftfritteuse schmelzen lassen. Die Toastscheiben in die Milch-Eier-Mischung tauchen und sicherstellen, dass sie gut getränkt sind.
3. Anschließend die getränkten Toastbrotscheiben in den Korb der Heißluftfritteuse legen.
4. Die armen Ritter bei 180°C etwa 5 Minuten pro Seite backen, bis sie goldbraun und knusprig sind.
5. In der Zwischenzeit Beeren, Zucker und Zitronensaft in einen Topf geben und bei mittlerer Hitze erhitzen und rühren, bis die Beeren weich und der Saft leicht eingedickt ist.
6. Die Armen Ritter mit dem Beerenkompott servieren und mit frischer Minze garnieren.

Honig-Lebkuchen-Muffins

Nährwerte pro Portion: Kalorien: 380, Eiweiß: 6 g, Fett: 15 g, Kohlenhydrate: 57 g

Zubereitungszeit: 25 Minuten
Portionen: 4
Zutaten:

- 1 Ei
- 100 g Honig
- 60 g Butter
- 250 ml Milch
- 250 g Mehl
- ½ TL Natron
- 2 TL Backpulver
- 2 TL Lebkuchengewürz

Zubereitung:

1. Das Ei schaumig rühren.
2. Zucker, Butter und Milch gut mit dem Ei verrühren.
3. Mehl, Backpulver, Natron und Lebkuchengewürz zu der Ei-Mischung sieben und vorsichtig unterheben.
4. Die Teigmasse in Muffinformen gießen.
5. Die Muffins in den Korb der Heißluftfritteuse geben und für ca. 12-15 Minuten bei 180°C backen.
6. Die Honig-Lebkuchen-Muffins abkühlen lassen und genießen.

Schoko-Bananen-Dreiecke

Nährwerte pro Portion: Kalorien: 280, Eiweiß: 4 g, Fett: 18 g, Kohlenhydrate: 26 g

Zubereitungszeit: 20 Minuten
Portionen: 2
Zutaten:

- 275 g Blätterteig
- 2 Bananen, in Scheiben geschnitten
- 50 g dunkle Schokolade, geschmolzen
- 1 EL gehackte Nüsse (z.B. Walnüsse oder Mandeln)

Zubereitung:

1. Den Blätterteig in Quadrate schneiden.
2. Die Bananenscheiben auf die Quadrate legen und zu Dreiecken falten.
3. Die Bananen-Dreiecke in den Gitterkorb der Cosori Heißluftfritteuse geben und bei 180°C etwa 10 Minuten backen, bis der Blätterteig goldbraun ist.
4. Die geschmolzene Schokolade über die warmen Dreiecke träufeln und mit den gehackten Nüssen bestreuen.

Apfel-Zimt-Röllchen

Nährwerte pro Portion: Kalorien: 180, Eiweiß: 2 g, Fett: 10 g, Kohlenhydrate: 20 g

Zubereitungszeit: 20 Minuten
Portionen: 4
Zutaten:

- 1 Pkg Blätterteig, aus dem Kühlregal
- 2 Äpfel, geschält, entkernt und in dünne Scheiben geschnitten
- 2 EL Zucker
- 1 TL Zimt
- 1 EL Butter, geschmolzen

Zubereitung:

1. Den Blätterteig ausrollen und in Quadrate schneiden.
2. Die Äpfel mit Zucker und Zimt vermengen.
3. Die Apfelmischung auf die Blätterteigquadrate legen und aufrollen.
4. Die Röllchen in den Korb der Heißluftfritteuse legen, mit der geschmolzenen Butter bestreichen und bei 180°C etwa 10-12 Minuten backen, bis sie goldbraun sind.

Birnen-Mohnkuchen

Nährwerte pro Portion: Kalorien: 240, Eiweiß: 5 g, Fett: 11 g, Kohlenhydrate: 30 g

Zubereitungszeit: 50 Minuten
Portionen: 8
Zutaten:

- 4 Eigelb
- 4 Eiweiß
- 4 Birnen
- 250 g Mascarpone
- 120 g Mehl
- 80 g Mohn
- 60 g Staubzucker
- 60 g Kristallzucker
- 30 g Speisestärke
- 1 TL Vanillezucker
- 1 Stk. Orange unbehandelt (Schalenabrieb)
- 1 Prise Salz
- 1 Prise Zimt

Zubereitung:

1. Mascarpone mit Eigelb, Salz, Zimt, Staub- und Vanillezucker sowie der Orangenschale in einer großen Schüssel glatt rühren.
2. Die Birnen schälen, vierteln und entkernen. Anschließend in Zeigefinger dicke Spalten schneiden.
3. Das Eiklar zu Schnee schlagen, den Kristallzucker nach und nach einrieseln lassen und so lange weiterschlagen, bis sich der Zucker vollständig aufgelöst hat.
4. Den Mohn mit dem Mehl und der Speisestärke vermischen und abwechselnd mit dem Eischnee unter die Mascarponemasse heben.
5. Den Teig in den Korb der Heißluftfritteuse füllen, glattstreichen und die Birnenspalten darauf legen.
6. Den Mohnkuchen mit Birne in der Heißluftfritteuse bei 165 °C ca. 35-40 Minuten backen.

Himbeer-Muffins

Nährwerte pro Muffin: Kalorien: 120, Eiweiß: 2 g, Fett: 5 g, Kohlenhydrate: 15 g

Zubereitungszeit: 25 Minuten
Portionen: 12 Muffins
Zutaten:

- 150 g Mehl
- 1 TL Backpulver
- 1 Prise Salz
- 75 g Zucker
- 1 Ei
- 100 ml Milch
- 50 g Butter, geschmolzen
- 1 TL Vanilleextrakt
- 100 g frische Himbeeren

Zubereitung:

1. Mehl, Backpulver und Salz in einer Schüssel vermengen.
2. Zucker, Ei, Milch, geschmolzene Butter und Vanilleextrakt hinzufügen und zu einem glatten Teig verrühren.
3. Die Himbeeren vorsichtig unterheben.
4. Den Teig in Muffinförmchen geben und in dem Korb der Cosori Heißluftfritteuse bei 180°C etwa 15 Minuten backen.

Einfache Zimtschnecken

Nährwerte pro Portion: Kalorien: 225, Eiweiß: 2 g, Fett: 13 g, Kohlenhydrate: 27 g

Zubereitungszeit: 30 Minuten
Portionen: 4
Zutaten für die Zimtschnecken:

- 250 g Blätterteig, aus dem Kühlregal oder selbstgemacht
- 50 g Butter, geschmolzen
- 75 g brauner Zucker
- 1 EL Zimt

Für die Glasur:

- 100 g Puderzucker
- 2 EL Milch
- ½ TL Vanilleextrakt

Zubereitung:

1. Den Blätterteig ausrollen.
2. Die Butter gleichmäßig auf dem Teig verteilen.
3. Den braunen Zucker mit dem Zimt mischen und auf dem Teig verteilen.
4. Den Teig aufrollen und in etwa 2 cm dicke Scheiben schneiden.
5. Den Korb der Heißluftfritteuse mit etwas Backpapier auslegen.
6. Die Zimtschnecken in den Korb der Heißluftfritteuse legen und bei 180°C ca. 12-15 Minuten backen.
7. In der Zwischenzeit in einer Schüssel Puderzucker, Milch und Vanilleextrakt zu einer Glasur verrühren.
8. Die fertigen Zimtschnecken etwas abkühlen lassen und gleichmäßig mit der Glasur übergießen.

Apfel-Crumble

Nährwerte pro Portion: Kalorien: 350, Eiweiß: 3 g, Fett: 15 g, Kohlenhydrate: 50 g

Zubereitungszeit: 25 Minuten
Portionen: 2
Zutaten:

- 4 Äpfel, geschält und in Würfel geschnitten
- 50 g Haferflocken
- 50 g Mehl
- 50 g Zucker
- 50 g kalte Butter, gewürfelt
- 1 TL Zimt
- eine Prise Salz

Zubereitung:

1. Die Apfelwürfel in eine Schüssel geben und mit dem Zimt vermengen.
2. Mehl, Haferflocken, Zucker, Butter und eine Prise Salz in einer Schüssel zu einem krümeligen Teig verkneten.
3. Die Apfelwürfel in eine ofenfeste Form geben und den Teig darauf verteilen.
4. Die Form in die Heißluftfritteuse stellen und bei 180°C ca. 15-18 Minuten backen, bis die Oberfläche goldbraun ist.

Schokoladen-Brownies

Nährwerte pro Portion: Kalorien: 320, Eiweiß: 4 g, Fett: 22 g, Kohlenhydrate: 30 g

Zubereitungszeit: 30 Minuten
Portionen: 8
Zutaten:

- 200 g dunkle Schokolade (mindestens 70% Kakaoanteil)
- 100 g Butter
- 150 g Zucker
- 2 Eier
- 1 TL Vanilleextrakt
- 75 g Mehl
- 25 g Kakaopulver
- ¼ TL Backpulver
- ¼ TL Salz
- 100 g Schokoladenstückchen

Zubereitung:

1. Die dunkle Schokolade und die Butter in einem hitzebeständigen Gefäß über einem Wasserbad schmelzen. Gut vermengen und auf Raumtemperatur abkühlen lassen.
2. Zucker, Eier und Vanilleextrakt in einer Schüssel cremig schlagen.
3. Die geschmolzene Schokoladen-Mischung zur Eiermischung geben und gut verrühren.
4. In einer Schüssel Mehl, Kakaopulver, Backpulver und Salz vermischen.
5. Diese trockenen Zutaten dann zur Schokoladenmischung geben und nur gerade so lange rühren, bis alles gut vermengt ist.
6. Die Schokoladenstückchen unter den Teig heben.
7. Den Teig gleichmäßig in den Korb der Heißluftfritteuse gießen und glatt streichen.
8. Die Brownies bei 160°C für ca. 20-25 Minuten backen.
9. Die fertigen Brownies auskühlen lassen, in 8 gleich große Stücke schneiden und genießen.

Apfelrosen aus Blätterteig

Nährwerte pro Portion: Kalorien: 120, Eiweiß: 1 g, Fett: 6 g, Kohlenhydrate: 15 g

Zubereitungszeit: 30 Minuten
Portionen: 4
Zutaten:

- 2 Blätter Blätterteig, aus dem Kühlregal
- 3 Äpfel, geschält, entkernt und in dünne Scheiben geschnitten
- Saft einer halben Zitrone
- 2 EL Aprikosenmarmelade
- 1 TL Zimt
- Puderzucker, zum Bestäuben

Zubereitung:

1. Den Blätterteig in Quadrate schneiden und mit der Aprikosenmarmelade bestreichen.
2. Die Apfelscheiben in einer Linie auf den Teig legen und mit Zimt bestreuen.
3. Die Teigränder über die Äpfel klappen und zu einer Rose aufrollen. Die Apfelrosen in dem Gitterkorb der Cosori Heißluftfritteuse bei 180°C etwa 20 Minuten backen, bis sie goldbraun sind.
4. Mit Puderzucker bestäuben und warm servieren.

Apfel-Zimt-Muffins

Nährwerte pro Muffin: Kalorien: 150, Eiweiß: 2 g, Fett: 7 g, Kohlenhydrate: 20 g

Zubereitungszeit: 25 Minuten
Portionen: 12 Muffins
Zutaten:

- 200 g Mehl
- 2 TL Backpulver
- 1 TL Zimt
- 1 Prise Salz
- 2 Äpfel, geschält, entkernt und gewürfelt
- 75 g brauner Zucker
- 2 Eier
- 100 ml Milch
- 50 ml Pflanzenöl, geschmacksneutral
- 1 TL Vanilleextrakt

Zubereitung:

1. Mehl, Backpulver, Zimt und Salz in einer Schüssel vermengen. Braunen Zucker, Eier, Milch, Pflanzenöl und Vanilleextrakt hinzufügen und zu einem gleichmäßigen Teig verrühren.
2. Die Äpfel unter den Teig heben.
3. Muffinförmchen gleichmäßig mit dem Teig füllen und in dem Korb der Heißluftfritteuse bei 180°C etwa 15-20 Minuten backen, bis die Muffins goldbraun sind.

Zimt-Zucker-Donuts

Nährwerte pro Donut: Kalorien: 150, Eiweiß: 2 g, Fett: 7 g, Kohlenhydrate: 20 g

Zubereitungszeit: 40 Minuten
Portionen: 12 Donuts
Zutaten:

- 200 g Mehl
- 75 g Zucker
- 2 TL Backpulver
- 1 TL Zimt
- 1 Prise Salz
- 150 ml Milch
- 1 Ei
- 50 g Butter, geschmolzen
- 1 TL Vanilleextrakt
- 50 g Puderzucker, zum Bestäuben

Zubereitung:

1. Mehl, Zucker, Backpulver, Zimt und Salz in einer Schüssel vermengen.
2. Milch, Ei, geschmolzene Butter und Vanilleextrakt hinzufügen und zu einem Teig verrühren.
3. Den Korb der Heißluftfritteuse mit Backpapier auslegen.
4. Den Teig in einen Spritzbeutel füllen und 12 gleich große Ringe auf das Backpapier spritzen. (Die Donuts in 3 Portionen zu je 4 Donuts backen).
5. Die Donuts in der Heißluftfritteuse bei 180°C etwa 8-10 Minuten backen, bis sie goldbraun sind.
6. Puderzucker über die warmen Donuts streuen und genießen.

Gebackene Apfelringe

Nährwerte pro Portion: Kalorien: 290, Eiweiß: 6 g, Fett: 2 g, Kohlenhydrate: 60 g

Zubereitungszeit: 20 Minuten
Portionen: 2
Zutaten:

- 2 Äpfel
- 100 g Mehl
- 1 TL Backpulver
- 1 TL Zimt
- Eine Prise Salz
- 1 Ei
- 120 ml Milch
- 50 g Zucker
- Puderzucker, zum Bestreuen

Zubereitung:

1. Die Äpfel schälen, entkernen und in Ringe schneiden.
2. Mehl, Backpulver, Zimt und Salz in einer Schüssel vermengen.
3. In einer separaten Schüssel Ei, Milch und Zucker miteinander verrühren.
4. Die nassen Zutaten zu den trockenen geben und zu einem einheitlichen Teig vermengen.
5. Die Apfelringe in den Teig tauchen und in dem Korb der Heißluftfritteuse bei 180°C etwa 8-10 Minuten backen.
6. Die Apfelringe mit Puderzucker bestreuen und genießen.

Schokoladen-Bananen-Muffins

Nährwerte pro Muffin: Kalorien: 280, Eiweiß: 4 g, Fett: 14 g, Kohlenhydrate: 35 g

Zubereitungszeit: 25 Minuten
Portionen: 6 Muffins
Zutaten:

- 2 reife Bananen, zerdrückt
- 100 g Mehl
- 50 g Kakaopulver
- 75 g Zucker
- 1 TL Backpulver
- ½ TL Natron
- 1 Prise Salz
- 1 Ei
- 80 ml Milch
- 50 ml Sonnenblumenöl oder Rapsöl
- 50 g Schokoladenstückchen

Zubereitung:

1. Bananen, Mehl, Kakaopulver, Zucker, Backpulver, Natron und Salz in einer Schüssel vermengen.
2. In einer separaten Schüssel Ei, Milch und Öl verrühren.
3. Die Ei-Milch-Öl-Mischung zu der Bananen-Mehl-Mischung hinzufügen und zu einem glatten Teig verrühren.
4. Die Schokoladenstückchen unterheben und den Teig in Muffinförmchen füllen.
5. Die Muffins in dem Korb der Heißluftfritteuse bei 180°C für etwa 15-18 Minuten backen, bis sie fest sind.
6. Die Muffins etwas abkühlen lassen und genießen.

Apfel-Zimt-Chips

Nährwerte pro Portion: Kalorien: 80, Eiweiß: 1 g, Fett: 1 g, Kohlenhydrate: 22 g

Zubereitungszeit: 15 Minuten
Portionen: 2
Zutaten:

- 2 Äpfel, dünn gehobelt
- 1 EL Zitronensaft
- 1 TL Zimt
- 1 TL brauner Zucker (optional)

Zubereitung:

1. Die Apfelscheiben mit Zitronensaft beträufeln und mit Zimt bestreuen. Optional mit braunem Zucker bestreuen.
2. Die Apfelscheiben in der Cosori Heißluftfritteuse bei 130°C für etwa 10-12 Minuten knusprig backen.
3. Die Apfelchips abkühlen lassen und anschließend genießen.

Zimt-Zucker-Churros

Nährwerte pro Portion: Kalorien: 180, Eiweiß: 2 g, Fett: 6 g, Kohlenhydrate: 30 g

Zubereitungszeit: 30 Minuten
Portionen: 4
Zutaten:

- 200 g Mehl
- 1 TL Backpulver
- eine Prise Salz
- 1 EL Zucker
- 240 ml Wasser
- 60 g geschmolzene Butter
- 1 TL Vanilleextrakt
- 100 g Zucker
- 2 TL Zimt

Zubereitung:

1. Den Korb der Heißluftfritteuse mit Backpapier auslegen.
2. Mehl, Backpulver, Salz und 1 EL Zucker in einer Schüssel vermengen.
3. Wasser, geschmolzene Butter und Vanilleextrakt hinzufügen und zu einem Teig verrühren.
4. Den Teig in einen Spritzbeutel mit Sterntülle füllen.
5. Den Teig in 5 cm lange Streifen auf das Backpapier spritzen und etwa 8-10 Minuten bei 180°C backen, bis sie goldbraun sind.
6. 100 g Zucker mit 2 TL Zimt vermengen und die warmen Churros darin wenden, bis sie gleichmäßig bedeckt sind.

Mango-Kokos-Reispudding

Nährwerte pro Portion: Kalorien: 300, Eiweiß: 3 g, Fett: 10 g, Kohlenhydrate: 45 g

Zubereitungszeit: 35 Minuten
Portionen: 4
Zutaten:

- 150 g Arborio-Reis
- 400 ml Kokosmilch
- 200 ml Wasser
- 100 g Zucker
- 1 reife Mango, gewürfelt
- 1 TL Vanilleextrakt
- eine Prise Salz
- Kokosraspeln, zum Garnieren

Zubereitung:

1. Reis, Kokosmilch, Wasser, Zucker, Vanilleextrakt und Salz in einen Topf geben und unter ständigem Rühren zum Kochen bringen.
2. Die Hitze reduzieren und den Reis köcheln lassen, bis er weich und cremig ist.
3. Die Mango-Würfel unter den Reis heben.
4. Die Reis-Mischung in den Korb der Heißluftfritteuse füllen und bei 160°C etwa 15-20 Minuten backen, bis die Oberfläche goldbraun ist.
5. Den Mango-Kokos-Reispudding mit den Kokosraspeln garnieren und warm servieren.

Zitronen-Blaubeer-Muffins

Nährwerte pro Portion: Kalorien: 220, Eiweiß: 4 g, Fett: 10 g, Kohlenhydrate: 30 g

Zubereitungszeit: 25 Minuten
Portionen: 4
Zutaten:

- 200 g Mehl
- 100 g brauner Zucker
- 1 TL Backpulver
- ½ TL Natron
- 1 Prise Salz
- 1 Ei
- 150 ml Joghurt
- 80 ml Pflanzenöl
- Saft und Schale von 1 Zitrone
- 100 g frische Blaubeeren

Zubereitung:

1. Mehl, Zucker, Backpulver, Natron und Salz in einer Schüssel vermengen. In einer separaten Schüssel Ei, Joghurt, Pflanzenöl, Zitronensaft und Zitronenschale miteinander verrühren.
2. Die trockenen Zutaten zu den feuchten Zutaten geben und vorsichtig vermengen, bis ein Teig entsteht. Die Blaubeeren vorsichtig unterheben.
3. Muffinförmchen gleichmäßig mit dem Teig füllen und in dem Korb der Cosori Heißluftfritteuse bei 180°C etwa 15-18 Minuten backen, bis die Muffins goldbraun sind.

Veganer Schokoladenkuchen

Nährwerte pro Portion: Kalorien: 210, Eiweiß: 3 g, Fett: 10 g, Kohlenhydrate: 27 g

Zubereitungszeit: 30 Minuten
Portionen: 4
Zutaten:

- 150 g Mehl
- 50 g Kakaopulver
- 1 TL Backpulver
- ½ TL Natron
- eine Prise Salz
- 200 ml Mandelmilch
- 100 g brauner Zucker
- 60 ml Pflanzenöl
- 1 TL Apfelessig
- 1 TL Vanilleextrakt

Zubereitung:

1. Mehl, Kakaopulver, Backpulver, Natron und Salz in einer Schüssel vermengen.
2. In einer separaten Schüssel Mandelmilch, braunen Zucker, Pflanzenöl, Apfelessig und Vanilleextrakt miteinander verrühren.
3. Die nassen Zutaten zu den trockenen geben und zu einem einheitlichen Teig vermengen.
4. Den Teig in den Korb der Heißluftfritteuse geben und bei 180°C etwa 20-25 Minuten backen.

Vegane Zimtschnecken

Nährwerte pro Portion: Kalorien: 190, Eiweiß: 3 g, Fett: 8 g, Kohlenhydrate: 27 g

Zubereitungszeit: 25 Minuten
Portionen: 4
Zutaten:

- 250 g Mehl
- 2 TL Backpulver
- ½ TL Natron
- eine Prise Salz
- 120 ml pflanzliche Milch, nach Wahl
- 60 g Kokosöl, geschmolzen
- 50 g brauner Zucker
- 2 TL Zimt
- 2 EL Ahornsirup

Zubereitung:

1. Mehl, Backpulver, Natron und Salz in einer Schüssel vermengen.
2. In einer separaten Schüssel pflanzliche Milch, geschmolzenes Kokosöl, braunen Zucker und Ahornsirup miteinander verrühren.
3. Die nassen Zutaten zu den trockenen geben und zu einem Teig vermengen.
4. Den Teig ausrollen, mit Zimt bestreuen und aufrollen.
5. Die Rolle in 8 Scheiben schneiden und die Scheiben in den Korb der Heißluftfritteuse bei 180°C etwa 12 Minuten backen.

Vegane Zimt-Donut-Muffins

Nährwerte pro Muffin: Kalorien: 220, Eiweiß: 2 g, Fett: 12 g, Kohlenhydrate: 25 g

Zubereitungszeit: 20 Minuten
Portionen: 4 Muffins
Zutaten:

- 150 g Mehl
- 50 g brauner Zucker
- 1 TL Backpulver
- ½ TL Natron
- 1 TL Zimt
- Eine Prise Salz
- 120 ml Mandelmilch
- 60 ml geschmacksneutrales Pflanzenöl
- 1 TL Apfelessig
- 1 TL Vanilleextrakt
- 50 g Puderzucker, für die Glasur
- 1 EL Wasser, für die Glasur

Zubereitung:

1. Mehl, braunen Zucker, Backpulver, Natron, Zimt und Salz in einer Schüssel vermengen.
2. Mandelmilch, Pflanzenöl, Apfelessig und Vanilleextrakt hinzufügen. Alles gut mischen, bis ein einheitlicher Teig entsteht.
3. Den Teig in Muffinförmchen füllen und in den Korb der Cosori Heißluftfritteuse legen.
4. Bei 180°C etwa 12-15 Minuten backen, bis die Muffins aufgegangen und goldbraun sind. Anschließend abkühlen lassen.
5. Den Puderzucker mit dem Wasser glatt rühren und die Muffins nach dem Abkühlen damit bestreichen.

Vegane Schokoladen-Bananen-Cookies

Nährwerte pro Portion: Kalorien: 220, Eiweiß: 5 g, Fett: 10 g, Kohlenhydrate: 30 g

Zubereitungszeit: 35 Minuten
Portionen: 4
Zutaten:

- 200 g Haferflocken
- 2 reife Bananen, zerdrückt
- 4 EL Mandelbutter
- 2 EL Ahornsirup
- 3 EL Kakaopulver
- Eine Prise Salz
- 1 TL Vanilleextrakt
- 50 g vegane Schokoladenchips

Zubereitung:

1. Den Korb der Heißluftfritteuse mit Backpapier auslegen.
2. Haferflocken, zerdrückte Bananen, Mandelbutter, Ahornsirup, Kakaopulver, Salz und Vanilleextrakt in einer Schüssel vermengen.
3. Die Schokoladenchips unter den Teig heben.
4. Den Teig zu 8 gleich großen Kugeln formen und erst 4 Kugeln auf das Backpapier setzen. Zwischen den Kugeln etwas Abstand lassen.
5. Die Cookies bei 180°C etwa 10-12 Minuten backen. Die Cookies ein paar Minuten abkühlen lassen und erst dann aus dem Korb der Heißluftfritteuse nehmen.
6. Anschließend die zweite Hälfte der Cookies für 10-12 Minuten bei 180°C backen.

Vegane Süßkartoffel-Dattel-Brownies

Nährwerte pro Portion: Kalorien: 220, Eiweiß: 4 g, Fett: 12 g, Kohlenhydrate: 28 g

Zubereitungszeit: Minuten
Portionen: 4
Zutaten:

- 200 g Süßkartoffelpüree
- 100 g Dattelpaste
- 75 g Hafermehl
- 25 g Kakaopulver
- 1 TL Backpulver
- eine Prise Salz
- 50 ml Mandelmilch
- 2 EL Kokosöl, geschmolzen
- 1 TL Vanilleextrakt
- 50 g vegane Schokoladenchips

Zubereitung:

1. Süßkartoffelpüree, Dattelpaste, Hafermehl, Kakaopulver, Backpulver und Salz in einer Schüssel vermengen.
2. Mandelmilch, geschmolzenes Kokosöl und Vanilleextrakt hinzufügen und alles gut miteinander vermischen.
3. Die Schokoladenchips unter den Teig heben.
4. Den Teig in den Korb der Heißluftfritteuse geben, glatt streichen und bei 180°C etwa 20-25 Minuten backen, bis die Brownies fest sind.
5. Die Brownies abkühlen lassen und in Quadrate schneiden.

Veganer Apfel-Zimt-Quinoa-Crumble

Nährwerte pro Portion: Kalorien: 350, Eiweiß: 5 g, Fett: 15 g, Kohlenhydrate: 45 g

Zubereitungszeit: 30 Minuten
Portionen: 4
Zutaten:

- 500 g Äpfel, geschält, entkernt und in Würfel geschnitten
- 100 g Quinoa
- 50 g Haferflocken
- 50 g Mandelmehl
- 50 g Kokosöl, geschmolzen
- 50 g Ahornsirup
- 1 TL Zimt
- eine Prise Salz
- Gemischte Beeren (optional)

Zubereitung:

1. Den Quinoa nach Packungsanweisung kochen und beiseite stellen.
2. Die Äpfel mit Zimt vermengen und in einer ofenfesten Form in der Cosori Heißluftfritteuse bei 180°C für 10 Minuten garen.
3. In der Zwischenzeit in einer Schüssel Quinoa, Haferflocken, gemischte Beeren, Mandelmehl, Kokosöl, Ahornsirup und eine Prise Salz vermengen.
4. Die Quinoa-Mischung über die Äpfel streuen und weitere 10-15 Minuten bei 180°C backen, bis der Crumble goldbraun ist.

Vielen Dank

Ich möchte mich bei Ihnen bedanken, dass Sie sich schlussendlich für dieses Rezeptbuch entschieden haben.

Ich hoffe, dass Sie viele Gerichte gefunden haben, die Ihnen gelungen sind und gut geschmeckt haben.

Zuletzt wünsche ich Ihnen alles Gute und noch viel Freude mit diesem Rezeptbuch.

Impressum

Fabian Magrutsch
Vitusgasse 7/1/3
1130 Wien

Printed in Poland
by Amazon Fulfillment
Poland Sp. z o.o., Wrocław

39046160R00057